일주일에 딱 한 번
초등 첫 글쓰기 수업

일주일에 딱 한 번

초등
첫 글쓰기
수업

이소민 지음

푸른칠판

프롤로그

"쌤, 이거 한번 책으로 엮어 보는 게 어때요?"

학급에서 하던 글쓰기 활동을 우연한 기회에 동학년 선생님들께 소개하게 되었고 그 계기로 학년 전체에서 글쓰기 활동을 하던 시기가 있었습니다. 우리만 사용하기 아까운 활동 자료들이니 한번 책으로 엮어 보면 어떻겠냐는 선생님들의 격려와 권유로 시작한 작업에 이제야 마침표를 찍게 되었습니다.

어쩌다 보니 글쓰기의 세계로 발을 들이게 되었고 어쩌다 보니 교실에서 학생들과 글을 쓰게 되었고 그사이 시간이 꽤 흘렀습니다. 이 책은 학생들과 함께 글을 쓰며 좌절하고, 고민하고, 방법을 찾고, 실패하고, 부딪치며 터득한 요령에 대한 그간의 기록입니다. 족집게 강의 같은 교수방법이나 화려한 활동 자료를 담았다기보다는 글쓰기 활동을 하며 겪은 좌충우돌 경험담이자 활동 일지에 가깝습니다.

아직도 글쓰기 활동을 하다가 난관에 봉착할 때면 이럴 때 어떻게 해야 하는지 누군가 짜잔 하고 나타나서 해결사처럼 답을 알려 주었으면 좋겠다는 생각을 합니다. 아마 저뿐만이 아닐 겁니다. 그래서 시행착오를 겪었던 우리 반 이야기를 풀어 본다면 비슷한 고민으로 골머리를 앓고 계시는 선생님들께 도움이 되지 않을까 싶었습니다. 저의 경험담이나 학생들의 결과물 위주로 이야기해 본다면 여러 선생님들께서 쉽게 공감하실 수 있을 것 같아 그동안 학생들과 글쓰기를 하며 어떤 어려움이 있었는지, 어떻게 대처했는지, 어떤 활동이 효과적이었는지 기억을 곱씹으며 사례를 중심으로 하나하나 꾹꾹 눌러 담아 보았습니다.

개인적으로 준비가 번거로운 활동들을 그리 선호하지 않다 보니, 복잡해 보이고 준비할 것도 많다 싶으면 아무리 좋은 활동이어도 선뜻 마음이 가지 않습니다. 그래서 이 책에서는 가장 간편하게, 복잡한 준비 없이, 쉽게 따라 해 보실 수 있는 활동들 위주로 소개했습니다. 단편적인 활동 위주로 구성하여 처음부터 끝까지 모두 할 필요는 없으니 어디서부터 글쓰기를 시작해야 할지 엄두가 나지 않는 선생님들께서도 이 정도는 해 볼 만하겠다, 재미있겠다 싶은 활동들을 쏙쏙 골라서 시도해 보시면 됩니다.

막상 우리 반 이야기로 교실 문을 열고 나서려니 너무 떨려서 발걸음이 잘 떨어지지 않습니다. 괜히 밑천만 다 드러나 버릴 것만 같아 벌써 얼굴이 화끈거리기도 합니다. 그저 글쓰기에 관심이 있는, 연구실에서 매일 마주칠 법한 흔한 옆 반 교사가 동학년 선생님들께 안내하고 나누어 드리는 마음으로 준비했으니, 이 책을 읽는 선생님들께서도 옆 반 수업 구경하듯 '이 선생님은 이런 활동을 하고 있구나, 나도 따라 해 볼 만하겠구나.' 하고 봐 주시면 좋겠습니다. 처음 세상에 내놓는 우리 반 이야기에 얼떨떨하면서도 자꾸만 부족한 부분이 눈에 밟히지만 부디 선생님들께 조금이나마 도움이 되기를 바랍니다.

2장 한걸음씩 단계별로 글쓰기 완성하기

3장 다 된 글에 날개 달기

1장
글쓰기 첫걸음 떼기

선생님들께서는 언제, 어떤 계기로 글쓰기의 세계에 처음 발을 들이게 되셨나요? 글쓰기를 지도하며 한 번쯤 겪으셨을 법한 고민들, 지금부터 함께 나누어 보겠습니다.

애들아, 우리
글 한번 써 볼까?

　　　　글쓰기 한번 해 보려면 학생들은 원망 가득한 목소리로 외칩니다. "글쓰기를 왜 해요?" 그러게 말입니다. 선생님들은 왜 학생들에게 글을 쓰도록 할까요?

　서점에 가 보면 글쓰기 관련 도서들이 항상 한 코너를 가득 차지하고 있습니다. 글발 좋기로 유명한 작가들이 쓴 글쓰기 기법 책들은 꾸준히 스테디셀러 매대를 장식하고요. 글쓰기 책들이 긴 시간 동안 대중들에게 꾸준히 사랑받고 있는 것을 보면 글 쓰는 법이 궁금하거나 글을 잘 쓰고 싶은 사람들이 꽤 많은가 봅니다. 하긴 저 역시도 아주 어린 시절부터 죽도록 글쓰기를 싫어하면서도 한편으로는 누구보다도 글을 잘 쓰고 싶어 했던 사람이었으니까요.

　제가 처음 글을 써 본 것은 아마 유치원 다닐 때쯤이었던 것 같습니다. 스케치북처럼 생긴 8절지 일기장 위 칸에 그림을 그리고 아래 칸에는 한두 줄 글을 쓰던 그림일기가 기억에 남아 있는 글쓰기의 첫 순간이었죠. 그림일기를 시작으로 초등학교 6년 동안 학교 숙제로 일주일에 한두 편씩 일기를 쓰고, 일주일에 한 편씩 독서 감상문을 써야 했습니다. 개학 날이 다가오면 밀린 숙제로 잠 못 이루게 만들던 일기장과 독서록과는 초등학교 졸업으로 이제 작별하나 싶더니, 중고등학교에서는 각종 수행평가와 백일장, 글짓기 대회와 마주해야 했습니다. 공부만으로도 벅찼던 고등학교 3학년 때는 대학교 진학을 위한 논술 시험 준비까지 추가되었죠. 숙제 제출일이 가까워지면 쓸 내용이 생각나지 않아 초조해 하다가 제출일 전날 꼭두새벽이 되어서야 머리를 쥐어뜯으며 겨우 써 내려가고는 했습니다. 분명 이를 바득바득 갈았던 것 같습니다. 대학교만 가면 이렇게 사람을 피 말리는 글쓰기는 두 번 다시 안 할 거라고 말이죠.

그런데 웬걸요. 대학에 오니 교수님들이 과제로 내주는 리포트들이 기다리고 있었습니다. 게다가 지금껏 써 오던 글과는 다른 차원의 분량이었죠. 그전까지는 A4 용지 한 장도 간신히 채웠는데 난생 처음 10장, 20장을 써야 하는 막막함. 깜빡이는 커서를 하염없이 쳐다만 보다가 겨우 한두 줄 쓰고는 노트북을 닫는 게 다반사였습니다. 이 지겨운 글쓰기는 학기가 끝나도 끝나지 않았습니다. 방학 동안 대외 활동에라도 지원해 보려면 지원서나 자기소개서를 제출해야 했는데 다른 지원자들이 써낸 글들은 얼마나 그럴싸하던지. 임용시험 준비로 바빴던 교대 4학년, 교직에 들어가는 관문에서도 글쓰기는 여전히 나와 함께였

14

습니다. 임용 논술시험 대비를 위해 친구들과 스터디를 하면서 함께 글을 쓰고 고쳐 주며 준비했는데 같은 시간 동안 같은 분량으로 썼는데도 친구들 글에 비해 허술한 제 글이 민망할 때가 한두 번이 아니었습니다.

교직에만 들어서면 정말로 글쓰기가 다 끝나리라 기대했지만 그것 역시 착각이었습니다. 학교 현장에서도 글쓰기는 계속됩니다. 현장에 나오기 전까지는 미처 알지 못했던 각종 공문과 보고서로 점철된 신세계가 펼쳐졌습니다. 회수할 때마다 올라가는 기안문 버전은 민망하기 그지없습니다. 많은 선생님들께서 그 고통을 공감하실 테니 더 이상의 설명은 생략합니다. 어쩌다 보니 글쓰기와는 연필 쥐고 글씨 쓰기 시작한 그 순간부터 일평생을 동고동락 중입니다.

어릴 때부터 지금까지 글쓰기로 고통받던 제가 학생들과 글쓰기 활동을 시작한 것은, 글을 잘 쓰고 싶다는 저의 지극히 개인적인 욕망 때문이었는지도 모릅니다. 모순적이지만 글을 쓰기 위해 고민하는 시간이 너무 괴로워서 글을 잘 쓰고 싶었습니다. 이렇게 막연히 글 잘 쓰는 사람이 되고 싶다는 생각을 해 오다가, 본격적으로 글 쓰는 방법에 관심을 가지게 된 것은 모든 입시와 취업이 끝난 새내기 교사 시절쯤이었던 것 같습니다.

막상 글쓰기 공부를 시작하려고 보니 이번에는 방법이 문제였습니다. 어떻게 공부를 시작해야 할지 도통 알 수가 없었습니다. 그래서 일단 무작정 서점에 가서 인기 있는 글쓰기 기법 책들을 들춰 보기 시작했습니다. 꽤 많은 글쓰기 관련 책들을 읽고 나니 책에서 공통적으로 하는 말들이 보입니다. '많이 읽고 많이 써라.' 책에서 말하는 글 잘 쓰는 방법은 간단하고 명쾌합니다. 그렇지만 글쓰기에 관심을 가진 지 시간이 꽤 흘렀는데도 이 만고불변의 진리를 아직도 완전히 제 것으로 녹여 내지 못해, 글 쓰는 고통은 현재진행형입니다.

어느 날 문득 비자발적인 글쓰기가 거의 전부였던 지난날 동안, 과연 마음이 동해 스스로 연필을 잡거나 자판을 두드렸던 순간이 있기는 했는지 되돌아보았습니다. 글을 잘 쓰고 싶다고 입버릇처럼 말하지만 과연 순수한 마음만으로 글을 써 보았던 시간이 얼마나 되었는지를요. 글을 잘 쓰고 싶다는 이 욕망이, 정말 내가 글을 잘 쓰고 싶은 건지 아니면 그저 주어진 과업을 신속하게 해치울 수 있는 기술이 필요했던 건지 구분해 볼 필요가 있었습니다.

그러다 불현듯 어느 순간이 스쳐 지나갑니다. 바로 2000년대 인터넷 세상을 뒤덮었던 '싸이월드 미니홈피'. 아마 그 시절 미니홈피에 글 한 줄 안 남겨 본 사람은 거의 없으리라 생각합니다. 언젠가 싸이월드가 서비스를 중단한다고 했을 때 까맣게 잊고 지냈던 어릴 적 동네가 재개발된다는 소식이라도 들은 것처럼 아쉽고 서운했습니다. 한편으로는 랜선을 타고 어딘가를 둥둥 떠다니고 있었을 소싯적 흑역사들에 일말의 찝찝함이 마음 한구석에 항상 남아 있었는데, 그 흔적이 영영 사라진다니 후련해서 비죽 웃음이 나오기도 했습니다. 최근에 다시 서비스를 시작한다는 소식을 들었을 때는 반가웠으나, 차마…… 저는 아직 판도라의 상자를 열 자신이 없어 들어가 보지는 못했습니다만, 그

16

시절 싸이월드에는 누가 더 새벽 감성에 취했는지 내기라도 하나 싶을 정도로 '갬성' 터지는 글들이 넘쳐흘렀고, 저도 질세라 시류에 편승하여 부지런히 차곡차곡 다이어리를 채워 나갔습니다.

요즘 인기 있는 SNS들에 비해 미니홈피는 조금 더 은밀한 공간이었습니다. 지극히 개인적인 공간이면서도 동시에 타인이 나를 찾아와 들여다봐 주기를 바라는 마음에 일촌들에게 살짝 문을 열어 둔 공간. 지금은 오글거린다고 표현하지만 당시에는 일상에서 드러내지 못했던 솔직한 생각과 감정을 온라인 공간에 가감 없이 표현하는 것이 그리 이상해 보이지 않던 시절이었습니다. 오히려 미니홈피를 찾아오는 방문자 수를 보며 누군가는 내 목소리를 들어 주고 알아주는구나 싶어 위안이 되었습니다.

바짝 열을 올리며 만들던 미니홈피도 제풀에 지쳐 금세 그만두었고 어느덧 싸이월드도 역사의 뒤안길로 사라졌지만 싸이월드에 수시로 일상과 감정을 기록하던 습관 때문인지 그즈음부터 일기를 쓰기 시작했습니다. 의무감을 가지고 억지로 한 것도 아닌데 어쩌다 보니 지금까지 거의 매일 쓰는 중입니다. 제대로 마음먹고 쓰는 대단한 글이라기보다는 거의 '아무 말 대잔치'에 가깝습니다. '출근하기 싫다'만 스무 번 넘게 쓰여 있는 날도 있고, 이 다이어리만큼은 죽기 전에 불태워야 한다고 다짐하게 만드는 감성 충만한 글도 있죠. 하지만 무엇을 적든 항상 일기를 쓰고 나면 마음을 무겁게 짓누르던 짐을 내려놓는 듯한 후련함이나 홀가분함이 듭니다. 그래서 여태껏 머리맡에 다이어리를 올려 두고 잠들기 전 다른 사람에게는 차마 하지 못했던 말들을 끄

적이며 하루를 마감합니다.

한 시대를 풍미했던 싸이월드도 시간의 흐름 앞에서는 맥을 못 추고, 2010년대 초반 스마트폰 보급과 맞물려 많은 사람들이 싸이월드에서 페이스북으로 옮겨 가기 시작했습니다. 페이스북은 싸이월드보다 개인적 공간이라는 의미는 옅고 네트워크 기능이 충실한 플랫폼입니다. 미니홈피에서는 타인과 소통하려면 직접 그 사람의 미니홈피로 찾아 들어가야 했는데 페이스북은 첫 화면에 '친구'들의 새 게시물이 바로 보여서 타인의 소식을 접하고 내 게시물을 공유하기에도 편합니다. 글, 사진, 영상 등을 쉽고 간단하게 공유할 수 있다는 장점 때문인지 아직까지도 많은 사람들이 페이스북을 이용하고 있습니다. 누군가의 아주 일상적인 이야기부터 지식인들의 담론이 오가고 기업체나 공공기관의 공식 계정 역할까지 담당하고 있으니 그 쓰임새가 광범위합니다.

나라를 뒤흔들었던 사건들로 인해 사회 전반에 변화가 많았던 2010년대 중반, 국민 SNS로 자리 잡은 페이스북은 Social Network Service라는 명칭에 걸맞게 그 역할을 톡톡히 해냈습니다. 현실이라 믿기지 않는 사건들이 연이어 터지자 페이스북을 비롯한 각종 SNS에서는 각 대학교들에 붙었던 〈안녕들 하십니까〉 대자보가 공유되며 확산되었고, 분노한 시민들은 촛불을 들고 거리로 나섰습니다. 촛불을 들고 모인 사람들을 결집하고 움직이게 만들었던 것은 바로 SNS를 타고 흐르는 누군가의 호소력 짙은 목소리였을 것입니다. 글이 사람을, 사회를 움직이게 만들 수 있음을 생생히 목격했던 순간이었습니다.

미니홈피를 운영하고 일기를 쓰며 스스로를 다독였고, 페이스북으로 타인과 소통하며 세상이 변해 가는 모습에 전율을 느끼던 시간들은 모두 글과 함께였습니다. 그동안 억지로 써 왔다고 생각했던 글이 제게도 그리 멀찍이 있던 것은 아니었나 봅니다.

시선을 교실로 돌리자 평생을 글과 함께 살아갈 어린이들이 눈에 들어왔습니다. 교실에서 내가 만나는 학생들만큼은 적어도 나처럼 글과 힘겹게 씨름하지 않았으면 좋겠다는 생각이 듭니다. 무엇이든 아무리 좋아도 너무 힘들면 멀어져 버리기 십상이죠. 글과 가까이 지내다가 마음을 다치는 어느 날에 글로 스스로를 위로할 줄 아는 어른으로, 글을 창과 방패 삼아 목소리를 내야 할 순간이 오면 주저하지 않고 용감하게 나설 수 있는 어른으로 성장했으면 좋겠다는 바람입니다.

| 새내기 교사의 무모한 도전

임용시험도 합격했으니 무엇이든 할 수 있다는 새내기의 패기와 포부로 당차게 교직에 첫발을 내딛었으나 현장은 호락호락하지 않았습니다. 어리바리한 신규 교사에게 3월 2일 첫날부터 오롯이 스스로 생각하고 판단해야 할 일들이 숨 돌릴 틈도 없이 밀려왔습니다. 당장 내일 뭘 해야 할지 몰라 발을 동동 구르면서도 일단 담임이 되었으니 뭐라도 해야겠다 싶어 시작한 것이 바로 '일기 쓰기'였습니다. 옆 반에서도 하니까 큰 고민 없이, 누가 시킨 것도 아니지만 초등학교에서는 으레 해야 하는 것이겠거니 하면서 일주일에 두세 편씩을 과제로 정해 매주 월요일마다 검사했습니다. 일기라고 하면 어릴 적에 선생님이 보라색 '검' 도장을 찍어 주고 빨간 펜으로 간단하게 코멘트를 적어 주었던 게 떠올라 그때의 기억을 더듬어 얼추 흉내를 내었던 것 같습니다.

그런데 어느 순간 학급을 살필 여유가 생기니, 매일 아침 8시에 일어나서 아침을 먹고 학교에서 공부하고 집에서 간식을 먹고 5시에 태권도를 간다는 학생들의 일기에, 매일 비슷한 하루를 보내니 쓸 말이 없다는 학생들에게, 더 이상 뭐라고 이야기해 주어야 할지 몰라 도장만 찍어 주는 이 일기 쓰기가 무슨 의미가 있나 하는 의문이 들기 시작했습니다. 쓸 내용이 없어 머리를 쥐어짜야 하는 학생들에게도, 피드백할 내용이 없어 머리를 쥐어짜야 하는 저에게도 일기 쓰기는 너무나 지겹고 큰 숙제였습니다. 오죽했으면 일기를 검사해야 하는 월요일 오후에는 숨이 턱턱 막힐 지경이었으니까요.

특히나 한창 예민하고 민감할 사춘기 시기인 고학년 학생들에게는 사생활을 보여야 하는 일기 숙제가 불편하게 느껴질 수도 있었을 겁니다. 선생님이 읽지 않았으면 하는 일기는 그 페이지만 접어서 제출하라고 했지만 그것조차도 부담스러운 학생들에게, 감정을 그대로 드러내는 솔직한 글을 이끌어 내는 것은 언감생심이었습니다.

일기 쓰는 고통. 저 또한 초등학교 시절 6년 동안 겪은 고통이었기 때문에 학생들의 마음을 전혀 모르지는 않았습니다. 그리고 가만히 돌이켜 보니 '6년 동안 일기를 열심히 썼지만 그때 내 글 실력이 늘었던가?'라고 물어본다면 그렇다고 자신 있게 말하기는 어려웠습니다. 객관적으로 봤을 때는 늘었을지도 모르겠지만 스스로 잘 체감되지 않았을 뿐더러 일기 쓰기로 인해 글쓰기 부담감이 줄어들었다든가, 글쓰기가 재밌어졌다든가 하지는 않았기 때문입니다. 결정적으로 일기를 어떻게 써야 하는지를 배워 본 적 없는 제 모습이 학생들에게서도 보이자 마음 한구석이 뜨끔해졌습니다. 결국 가장 근본적인 물음에 이르렀습니다.

'이걸 내가 왜 하고 있지?'

그렇다고 다른 반은 다 하고 있는 일기 쓰기를 그만두자니 왠지 모르게 본분을 다하지 않고 직무 유기를 하는 것 같은 죄책감이 들었습니다. 또 일기 쓰기가 전혀 무의미한 것만도 아니었습니다. 가끔 학생들이 일기장에 고민을 털어놓기도 하고 일기를 통해 학생들의 학교 바깥 이야기를 듣다 보면 학생들의 새로운 면모를 발견하기도 했습니다. 일기 덕분에 학생들과 조금 더 가까워질 수 있는데 일기 쓰기를 하지 않으면 소통 수단을 잃게 되는 것 같아 마음 한구석이 불편해지기도 했습니다.

그래서 일기를 대신할 새로운 글쓰기 활동이 필요했습니다. 더불어 '매일매일 똑같은 내용만 적는 학생들에게 쓸거리를 주면 글 내용이 좀 달라질까?', '글쓰기를 덜 지겹게 할 수 있는 방법이 있을까?', '무작정 쓰도록 하는 게 아니라 글 실력을 늘릴 수 있는 방법은 없을까?' 등 일기 쓰기를 하면서 아쉬웠던 지점들을 조금씩 개선해 가는 방향으로 일기가 아닌 다른 형태의 글쓰기를 하나씩 시도해 보기 시작했습니다.

그래서, 좋은 글이 뭔데요?

선생님들은 어떤 글이 좋은 글이라고 생각하시나요? 학생들에게 글쓰기 과제를 주면서 좋은 글을 써야 한다고 누누이 반복해서 강조했지만, 정작 학생들로부터 좋은 글, 잘 쓴 글이 무엇이냐고 질문을 받는다면 뭐라고 설명해야 할지 잘 몰랐습니다.

그러고 보니 '이 글 좋다.' 혹은 '좋은 글을 쓰고 싶다.'라는 생각은 많이 했지만 좋은 글은 어떠해야 하는지 깊이 생각해 본 적이 있었나 싶었습니다. 가장 먼저 이 질문에 스스로 답을 찾아야만 했습니다. 좋은 글에 대한 명확한 기준과 목표를 가지고 있어야만 저를 따라오는 학생들의 글 또한 산으로 가지 않겠다는 생각이 들었지요. 그래서 먼저 어떻게 쓰는 글이 좋은 글인지에 대해 생각해 보게 되었습니다.

어린이 문학과 글쓰기교육에 평생을 힘쓰신 이오덕 선생님은 '어린이들의 삶의 세계에는 우리 어른들의 머리로 생각할 수 없는 진실이 있고 아름다움이 있으며, 어린이들에게 자기가 보고 듣고 행한 것을 정직하게 쓰게 하는 일은 글쓰기 지도에서 처음이요 마지막이 될 만큼 중요하다'고 하셨습니다.

성인의 글이라면 소재가 신선한지, 주장이 타당한지, 담긴 정보가 사실인지, 설득하는 논거가 탄탄한지, 짜임새 있게 구성되어 있는지,

가독성이 좋은지 등을 좋은 글의 조건으로 볼 수 있겠습니다. 하지만 성인의 글과 어린이의 글은 다르게 접근해야 합니다. 국어 문법에 익숙하지 않은 학생들이 문법적으로 맞지 않은 글을 썼다고 해서 그 글이 좋지 않은 글일까요? 내 글을 평가하는 잣대로 학생들의 글을 읽으려고 했기에 삐그덕거렸던 것입니다. 학생들의 글은 성인의 글과는 다른 시각으로 바라봐야 한다는 것을 꽤 시간이 지나고 깨닫게 되었습니다. 저도 모르게 학생들에게 어울리지 않는 옷을 억지로 입히려고 했던 것입니다.

제가 생각하는 좋은 글은 투박하더라도 생각과 감정이 많이 담겨 있는 글, 자신만 쓸 수 있는 글이라고 생각합니다. 현란한 꾸밈이 있는 글이나 보여 주기 식으로 번지르르하게 장식한 글에서는 화려한 수식어들에 가려져 글쓴이의 목소리가 잘 들리지 않습니다. 담백하지만 글쓴이의 목소리가 들리는 글이 힘을 가진 글이라고 생각합니다.

학생들과 하는 글쓰기 활동은 글 쓰는 방법을 가르친다기보다는 학생들에게 끊임없이 생각하고 고민하는 시간을 만들어 주는 것에 더 가깝습니다. 생각하는 힘만 길러진다면 그 생각들을 엮어서 글로 만들어 내는 것은 순식간이기 때문이죠. 따라서 글쓰기 지도에서 교사는 학생들을 생각하게 하고 그 생각들을 정리할 수 있도록 도와주는 안내자입니다.

학생들과 글쓰기 활동을 하기 전, 선생님들께서도 자신이 생각하는 좋은 글은 어떤 글인지, 학생들이 어떤 글을 쓰면 좋을지 한 번쯤 생각해 보면 어떨까요? 시작이 반이라는 말처럼 좋은 글이 무엇인지, 학생

들이 어떤 글을 쓰기를 희망하는지 선생님만의 기준을 세우는 것으로
도 막막함이 좀 사라질 것입니다.

| 교사의 속마음, '글쓰기보다 더 어려운 글쓰기 지도'

글쓰기 지도는 정말 쉽지 않습니다. 글쓰기 지도법 도서를 참고하
고, 관련 연수를 여러 번 들어 보아도 학생들과의 글쓰기는 여전히 고
민이 됩니다. 글쓰기에 자신 없는 교사 입장에서 학생들이 글을 잘 쓰
도록 지도를 처음 하려니 몇 배로 더 어려웠습니다.

글쓰기 수업을 시작했을 때부터 지금까지 글쓰기 지도를 하면서 겪
어 온 저의 막막함이 비단 제 것만은 아닐 겁니다. 지금 이 시간에도
저와 같은 고민을 하고 계신 선생님들과 함께 그 고민을 나누어 볼까
합니다.

**"저도 글을 잘 못 쓰는데 어떻게 학생들에게 글쓰기를 지도할 수 있
을까요? 글쓰기 지도에 자신이 없고 엄두가 나지 않아요."**

막상 본격적으로 글쓰기를 가르치려고 마음은 먹었지만 한편으로
는 덜컥 겁이 났습니다. 글을 잘 쓴다고 생각하지도 않았고 글쓰기에
썩 자신 있는 편도 아니었기 때문입니다. 그렇다고 작문 지도법을 전
문적으로 배워 본 적도 없었습니다. 오히려 국어 수업 중 쓰기 단원이
나오면 한숨이 절로 나왔습니다. 쓰기 단원에는 읽고 밑줄 칠 설명보

다는 학생들을 데리고 직접 채워 넣어야 할 여백이 유난히 많았으니까요.

선무당이 사람 잡는다는 속담처럼 어설프게 글쓰기를 시작했다가 잘못 지도할까 봐 걱정이 많았습니다. 개인적인 경험을 바탕으로 수업해도 될지, 괜한 방법으로 고생은 고생대로 하면서 학생들에게 좋지 않은 글 습관만 들여서, 안 하는 것만 못하게 되는 건 아닌지 걱정이 많았습니다. 누군가에게 조언을 구할 수 있는 상황도 아니었고 무엇보다도 확신이 없다 보니 학생들을 설득하여 지도할 자신이 없었습니다. 목적지가 보이지 않는 망망대해를 무작정 건너는 기분이었습니다. 도착까지 얼마나 걸릴지, 올바른 방향으로 가고 있는 건지, 과연 끝이 있기는 한 건지 모르는 상태로 말이죠. 확신을 가지고 기준과 방향을 세우기까지 아주 많은 시행착오를 겪었고 수년째 활동을 해 온 지금도 생각하지 못했던 문제에 직면해 곤혹스러울 때가 있습니다.

스스로 확신을 가지기까지는 꽤 많은 시간이 걸렸습니다. 흔들리던 마음을 다잡아 주었던 것은 다름 아닌 '목표'였습니다. '무슨 방법이든 학생들이 자기의 생각을 가득 담은 글만 쓰면 성공 아닌가? 많이 가르치고 첨삭하는 활동'보다는 학생들의 생각을 끌어내는 마중물 같은 활동을 시도해 보자고 마음먹으니 한결 부담감이 덜어졌습니다.

지금도 학생들에게 글쓰기 대회에서 입상할 만큼 수려한 글을 쓰게 하지는 못합니다. 하지만 학생들의 마음속에 지닌 예쁜 생각들을 찾아 글로 엮어 내는 일에는 어느 정도 자신이 생겼습니다. 아직도 시행착오를 겪는 중이지만 이제는 확신이 있기에 흔들리지는 않습니다.

스스로 생각하고 자신의 손으로 직접 써 내려가는 과정 자체만으로도 글쓰기는 학생들에게 큰 의미가 있습니다. 그러니 그럴싸한 결과물을 만들어 내야겠다는 책임감 때문에 마음이 무거운 선생님들은 부담감을 조금은 내려놓으시고 학생들에게 자신의 글을 써 보는 경험을 선사한다는 가벼운 마음으로 시작해 보면 좋겠습니다.

"무엇을 어디서부터 가르쳐야 할지 지도해야 할 내용과 방법을 모르겠어요."

글을 잘 쓰려면 가장 먼저 무엇부터 해야 할까요? 문장 연습? 맞춤법 학습? 띄어쓰기 공부? 학생들과 일기 대신 글을 써 보기로 결심한 다음에도 한동안은 어디서부터 손을 대야 할지 몰라 그때그때마다 생각나는 것들을 두서없이 시도했습니다. 문장은 단문으로 써야 한다는 말을 들은 어느 주는 긴 문장을 짧은 문장으로 바꾸는 연습을 해 보기도 하고, 신선한 비유에 꽂힌 다음 날에는 비유 표현을 추가해 보는 연습을 해 보는 식이었습니다. 거기에 맞춤법도 고쳐 주어야 하고, 똑같은 문장이 계속 변주되는 알맹이 없는 글이 안 나오도록 지도해야 하고, 무슨 말을 하고 싶어 하는 글인지 모르는 글도 수정해 주어야 하고……. 손봐 주고 싶은 부분이 많아 마음은 급한데 어디서부터 손을 대야 하는지 알 수가 없었습니다. 하고자 하는 의욕만 컸지 순서와 방법에서 갈피를 잡지 못해 꽤 우왕좌왕했습니다.

돌이켜 보니 우선순위가 정해지지 않았던 것이 우왕좌왕의 원인이었습니다. 운전을 처음 배울 때에도 운전을 잘하고 싶다는 욕심만으로 바로 실전에 돌입하지 않습니다. 엑셀과 브레이크를 익히고 방향지시등을 켜고 끄는 법, 신호 보는 법 하나하나를 익힌 다음 동네를 천천히 달려 보다가 익숙해지면 복잡한 시내로 나가고 고속도로를 달리는 법이죠.

마찬가지로 글쓰기 지도에서도 우선순위를 정하는 것이 중요합니다. 제가 정한 글쓰기 우선순위는 이렇습니다. 첫 번째, 글에 담고 싶은 생각 펼치기. 두 번째, 비슷한 생각끼리 묶기. 세 번째, 글쓰기. 네 번째, 글 꾸미고 다듬기. 학생들과 첫 번째부터 차근차근 익혀 나갑니다. 이 단계는 사실 단박에 뚝딱 만들어진 것은 아니고 학생들과 쭉 글쓰기를 하다 보니 공통적으로 가장 어려워하는 부분부터 익혀 나가는 순서로 정리가 되었습니다. 이렇게 지도 흐름을 정하기 전까지는 글쓰기 지도를 어디서부터 해야 할지 엄두가 안 났지만, 순서를 정하고 목표를 설정하니 학생들도 하나씩 하나씩 익혀 나가게 되었고, 학생들이 달라지는 모습을 보니 너무 신나고 재미있었습니다. 체계가 없던 시기에는 글쓰기 활동 시간이 밑 빠진 독에 물 붓는 기분이었다면, 이제는 차곡차곡 실력이 쌓이는 느낌이 들면서 노력이 헛되지 않았구나 싶어 보상받는 기분이었습니다.

"학생들의 글쓰기 실력이 향상되는 게 느껴지지 않아서 답답하고 불안합니다."

글쓰기 지도를 하면서 가장 답답한 지점은 학생들의 글 실력이 늘고 있는지 확인하기가 어렵다는 점입니다. 타 교과나 국어 교과의 다른 영역에서 학생들의 학습 성취 정도를 확인하는 것은 상대적으로 간단합니다. 예를 들어 (세 자리 수) + (세 자리 수)의 성취 정도를 확인하고자 한다면 지필평가를 통해 학생들의 풀이 과정을 살펴보면 됩니다. 문제를 틀렸다면 단순한 계산 실수인지, 자릿수에 대한 개념이 바른지, 받아올림을 이해했는지 등 원인을 분석하여 학생의 이해 정도를 파악합니다. 어느 부분이 부족한지를 파악한 다음에는 그 부분을 보충 지도한 뒤 비슷한 문제 유형으로 여러 차례 연습하면 즉각적으로 개선되는 모습을 볼 수 있습니다. 그에 비해 글쓰기는 객관적인 지표로 성취 정도를 평가하기가 어렵습니다. 또, 오늘 지도한 내용이 학생들의 다음 글쓰기에 반영되는지도 의문입니다. 심지어 잘 쓰던 학생들이 어떤 날에는 뒷걸음질치는 느낌이 들 때도 있습니다. 나아지고 있다는 생각이 들지 않을 때면 교사 입장에서는 회의감과 함께 제대로 지도하고 있는 건가 위축되기도 합니다.

하지만 이 또한 글쓰기의 자연스러운 과정입니다. 글쓰기 결과물은 학생들의 컨디션이나 글을 쓰는 환경, 글감 등 수많은 요소에 영향을 많이 받습니다. 어떤 날에는 글이 술술 써지고, 어떤 날에는 몇 시간째 한 글자도 쓰지 못해 숨이 막히는 경험이 선생님들께서도 한 번쯤은 다 있지 않으신가요? 이는 비단 학생들만의 어려움은 아닐 것입니다. 글쓰기는 다른 학습과는 달리 파도가 치듯 한보 뒤로 물러났다 다시 두 걸음 앞으로 나아가면서 실력이 향상된다고 생각합니다. 그래서 단순히 지난주와 이번 주 글을 나란히 놓고 비교하기에는 무리가 있습니다. 평가 기준을 정해 두고 그때그때 학생들의 글을 재단하기보다는 학생들이 썼던 초창기 글과 현재의 글을 비교해 보면 그 차이를 확연히 느낄 수 있습니다. 시간을 충분히 가지고 지켜보면 차근차근 단계를 밟아 가며 발전하는 학생들의 모습이 눈에 들어오는 순간이 옵니다.

"첨삭과 피드백 시간이 너무 오래 걸려요. 피드백이 실력 향상에 효과적인가요?"

새 학기 3월 둘째 주, 새로운 마음으로 야심 차게 글쓰기를 시작합니다. 공책 한 권씩 준비하고 이름표도 정성스럽게 만들어 붙여 줍니다. 그리고 글 검사에 빠지면 섭섭한 빨간색 볼펜까지. 글쓰기를 시작하는 첫날, 글을 쓸 때 지켜야 할 세세한 규칙들을 설명한 후에, 다음 주까지 써 와야 할 주제를 알려 주고 그다음 주부터는 공책을 거두어 검사합니다. 글을 읽어 보면서 잘 쓴 부분에 빨간색 밑줄을 긋고 별표를 달아 피드백을 합니다.

글씨를 예쁘게 써라, 분량을 길게 써라, 열심히 잔소리를 해 온 결과 열심히 따라온 학생들은 하고 싶은 말을 정리해서 어느 정도 일관성 있게 글을 쓴 것 같고, 형식도 제법 그럴듯하게 갖추는 것 같습니다. 그런데 5월, 6월…… 시간이 지날수록 의구심이 생깁니다. 학생들도 최선을 다하고 저도 최선을 다하고는 있는데 뭔가 2% 채워지지 않는 찝찝함이 남아 있습니다. 마치 깊은 숲속에서 길을 잃어버려서, 열심히 걷는데도 더 나아가지 못하고 같은 자리를 빙글빙글 돌고 있는 듯한 기분입니다.

학생들 글에 정성껏 첨삭을 하고 짤막한 소감을 써 주지만 글쓰기 지도 측면에서 보면 가려운 부분을 시원하게 긁어 주지 못한 채 그대로 돌려주는 것 같기도 합니다. 이렇게 시간을 들여 정성껏 고쳐 주고 써 주는데 글 향상에는 그리 도움이 되지 않는 것 같아 괜히 하고 있나 싶은 생각도 듭니다. 맞춤법이나 띄어쓰기 수정은 네이버 맞춤법 검사기도 할 수 있는 일이니까요. 적어도 맞춤법 검사기가 되기보다는 더 중요한 것을 알려 주는 교사가 되고 싶었습니다. 교사의 피드백은 학생들의 글쓰기에서 꽤 큰 역할을 합니다. 교사는 학생들의 글을 읽는 독자이기 때문입니다. 교사의 피드백이 학생들의 글쓰기에 어떤 영향을 주는지는 뒤에서 좀 더 자세히 살펴보겠습니다.

"아무 생각도 없다는 학생들과 어떻게 글쓰기를 시작해야 할지 모르겠어요."

아무 생각도 없다니……! 글쓰기의 세계로 데려 오기 가장 힘든 학생들입니다. 이 말을 들을 때마다 학생들 머릿속에 들어갔다 나오고 싶은 마음이 굴뚝같습니다. 이런 학생들에게는 그냥 넘어갈 수가 없어 꼭 한마디씩 합니다. "거짓말!"

생각이 없다는 학생들의 말을 믿지 않습니다. 생각을 글이나 말로 표현하는 것이 어렵다는 것을 생각이 없다고 말하는 것뿐이니까요. 그래서 이렇게 표현에 익숙하지 않은 학생들에게는 떠오르는 생각을 끊임없이 표현하게 하려고 합니다. 글이 힘들다면 말로라도 표현하게 합니다. 두루뭉술하게 생각하면 두루뭉술한 글이 나올 수밖에 없기 때문입니다. 학급에 이런 학생들이 있을 때에는 최대한 학생들의 눈높이에서 생각하고 느끼며 바라보려고 노력하면서 그 학생들의 관심사나 흥미가 무엇인지를 파악합니다. 그다음 관심사를 위주로 학생들이 뭐라도 하나 생각하고 말할 수 있도록 계속 질문합니다.

주구장창 게임만 하는 학생들에게는 무슨 게임을 좋아하는지, 게임의 규칙은 무엇인지, 레벨은 몇인지, 왜 그 게임을 좋아하는지 등등 끊임없이 물어보고, 생각하고, 말하도록 합니다. 쉬는 시간이나 점심시간에 슬쩍 대화를 걸기도 하고 공책에 질문을 잔뜩 적어서 돌려주기도 합니다. 다음 주까지 적어 오라고 하면서요. 때로는 손목이 아파 글씨를 못 쓰고 100문 100답 같은 질문지를 프린트해서 글쓰기 공책에 붙여 주기도 합니다. 그다음 주에 질문에 대한 답을 써 오면 그다음 주에는 그 답들을 이어서 글로 써 오라고 합니다.

사실 글쓰기 때문에, 몇몇 학생들 때문에 이렇게 에너지를 다 쏟아야 하나 싶어 마음이 흔들릴 때도 있습니다. 학교와 교실에는 해야 할 일이 산더미인데 글쓰기 지도에만 마냥 매달릴 수는 없는 노릇입니다. 단답형으로 대답하기 일쑤인 학생들을 붙잡고 질문하려니 지치기도 합니다. 무엇보다도 글을 쓰려는 학생들의 의지가 없으면 쉽게 달라지지 않습니다. 하지만 시간이 걸리더라도 조금씩이나마 마음을 열고 노력하려는 학생들을 보면서 어제보다 조금은 나아졌을 거라며 학생의 손을 잡고 글쓰기의 세계로 인도합니다.

| 학생들의 속마음, '글쓰기는 원래 노잼이라고요.'

교사들도 이렇게 부담스러워 하는 글쓰기. 학생들은 글쓰기에 대해 어떻게 생각하고 있을까요? 글쓰기에 대한 학생들의 생각이 궁금해 속마음을 직접 들어 보았습니다.

"쓸 말, 특별한 일이 없어요.", "생각이 안 나요."

새내기 교사 시절, 일기 지도를 하던 초창기 4월쯤 한 학부모로부터 전화를 받았습니다. 수화기를 들자마자 불안함이 엄습하였습니다. 아마 선생님들도 공감하실 겁니다. 벨소리만 들어도 심상치 않은 기운이 도는 전화들 말이죠.

아니나 다를까. 그 당시에는 본격적으로 학생들과 글쓰기를 하기 전이라 일주일에 두 편씩 일기 쓰기를 과제로 내주던 때였는데 그 학부모는 일기 과제가 못마땅하셨던 것입니다. 월요일에 일기를 제출해야 하니 아이가 일요일 밤마다 일기 쓰느라 너무 스트레스를 받고 힘들어 한다, 일기 쓰기가 무슨 교육적 효과가 있는지 모르겠다, 아이의 일상은 월요일부터 금요일까지 매주 똑같고 고작 주말에나 한 번씩 야외 활동을 할까 말까 하는데 어떻게 매번 다른 내용으로 일기를 쓰느냐, 일기는 그저 시간 낭비, 에너지 낭비가 아닌가 싶다며 일기 쓰기에 대한 불신과 불만을 쏟아 냈습니다.

당시에는 예상치 못한 내용들에 너무 당황스러워서 왜 일기 쓰기를 지도하고 있는지, 일기 쓰기를 통해 도달하려는 목표가 무엇인지를 제대로 전달하지 못하고 통화를 마쳤습니다. 자존심도 상하고 억울했습니다. 엄밀히 말하자면 일기 지도는 꼭 해야 하는 교육활동도 아니니 굳이 할 필요는 없는 것이지요. 그저 학생들에게 도움이 될까 싶어서 좋은 마음으로 시작한 활동이었건만, 그때에는 거북한 말만 들어서 속이 상했습니다. 또 뒤돌아 생각해 보니 학부모님의 말이 마냥 틀린 말은 아닌 것 같아 마음이 더 쓰라렸습니다. 그렇지 않아도 일기 지도에 대해 회의감을 가지던 때이기도 했기 때문입니다.

'쓰기 싫은 글을 억지로 쓰는 게 학생들에게 무슨 도움이 될까?', '일상을 기록한다는 장점이 분명히 있지만 이렇게 쓴다고 해서 글 실력이 늘긴 늘까?', '나는 학생들을 향상시키기 위해 어떤 노력을 하고 있는 걸까?', '일기 검사도 하고 있으니 이만하면 할 만큼 한 거라고 스스로 자기만족하며 위안 삼고 있는 것은 아닐까?' 쓸 말이 없어 억지로 분량을 채워서 낸다는 학생들의 일기를 읽을 때면 막막함은 점점 커지고 확신은 그만큼 사라져 갔습니다.

실제로도 많은 학생들이 다음과 같은 일기를 써내곤 했습니다.

나는 아침에 일어나서 아침을 먹고 학교에 왔다. 학교가 끝나고 집에서 잠시 쉬다가 태권도를 갔다. 태권도에서 미니 축구를 했다. 태권도가 끝나고 집에 와서 저녁을 먹었다. TV를 보고 씻고 11시에 잤다. 즐거운 하루였다.

이런 일기는 일기 쓰기를 싫어하는 고학년 학생들에게서 흔하게 볼 수 있는 유형이기도 합니다. 성의 없이 쓰는 일기를 방지하기 위해 최소 분량을 정해 주면 이런 식이 되죠.

나는 오늘 8시에 일어나서 아침을 먹고 학교에 왔다. 학교에서 쉬는 시간에 친구랑 놀았다. 재미있었다. 학교가 끝나고 집에서 잠시 쉬었다. 간식도 먹었다. 아주 맛있었다. 태권도장 셔틀을 타고 태권도를 갔다. 태권도에서 준비운동을 했다. 또 미니 축구를 했다. 우리 팀이 이겼다. 이겨서 기뻤다. 그리고 정리 체조를 했다. 다시 차를 타고 집에 돌아왔다. 태권도가 끝나고 집에 와서 저녁을 먹었다. 맛있었다. 아빠랑 TV를 봤다. 재미있었다. 그다음 씻고 11시에 잤다. 아주 즐거운 하루였다.

이런 학생들에게 일기 쓰기가 어떤지 물어보면 대부분 "쓸 말이 없어서 쓰기 힘들어요."라고 대답합니다. 매일 반복되는 일상이라 특별히 재미있었던 일도, 쓸 말도 없어서 분량을 채우려고 하루 동안 있었던 일을 쭉 나열하며 겨우 썼다고 합니다. 과연 학생들은 정말 글로 쓸 내용이 없어 쓰지 못할까요?

반복되는 일상이지만 분명 학생들은 어제와 다른 오늘을, 오늘과 다른 내일을 살아갑니다. 일상이 똑같아서 쓸거리가 없는 것이 아니라 하루의 수많은 순간 중에서 쓸거리를 찾지 못한 것이죠. 유심히 살펴보면 이 짧은 일기에도 참 많은 이야깃거리가 담겨 있습니다. 오늘 아침에 먹은 아침밥, 학교에서 친구들과 주고받았던 농담, 태권도장에서 했던 미니 축구, TV프로그램까지.

34

하지만 이 모든 일상을 이야깃거리라고 인식하지 못하기 때문에 학생들은 쓸 말이 없다고 합니다. 학생들 눈에는 이러한 일들이 그저 매일 반복되는 일과일 뿐 글을 쓸 만큼 거창하거나 특별해 보이지 않기 때문입니다. 그래서 무심코 지나칠 수 있는 일상을 기록할 가치가 충분한 순간으로 바라볼 수 있도록 학생들과 일상을 살피는 시선을 기르려고 했습니다.

"생각은 많은데 말로 표현이 잘 안 돼요."

어떤 생각을 하고 있는지 어렴풋이 짐작은 가는데 핵심을 찌르지 못하고 빙빙 돌려서 표현하는 글들이나 비슷한 내용 또는 문장이 여러 번 반복되는 글들이 있습니다. 이는 어휘력과 표현력이 충분하지 않아 생기는 문제입니다.

예를 들어, '짜증 난다'라는 단어에는 굉장히 다양한 감정이 담겨 있습니다. '짜증 난다'와 바꾸어 쓸 수 있는 단어는 '화가 난다, 분하다, 분노하다, 귀찮다' 등 다양합니다. 하지만 학생들은 보통 '짜증 난다'는 단어 한 가지만으로 자신의 불쾌한 감정을 표현합니다. 자신의 상황을 설명할 수 있는 단어가 한정적이다 보니 생각을 충분히 표현하기가 어려워지고 글쓰기는 마음처럼 되지 않는 골치 아픈 작업이 되어 버리고 맙니다. 이런 학생들에게는 머릿속에서 엉켜 버린 생각들을 잘만 풀어 준다면 반짝거리는 글이 탄생합니다.

어휘력을 향상시킬 수 있는 가장 근본적인 방법은 어휘를 많이 접해 보는 것이고 어휘를 접하는 가장 좋은 방법은 독서입니다. 강원국 작가는 독서와 글쓰기의 관계를 이렇게 설명합니다. '독서는 지식, 영감, 정서를 주며, 독서와 글쓰기는 떼려야 뗄 수 없는 관계에 있다. 책을 읽지 않으면 생각할 수 없고, 생각하지 않으면 글을 쓸 수 없다.'

책을 많이 읽는 학생들이 글을 잘 쓸 수밖에 없는 이유는 독서를 통해 사고력과 표현력이 자연스레 길러지기 때문입니다. 아이들은 책을 읽으며 생각하고, 생각을 언어로 표현하는 방법을 자연스럽게 습득합니다. 또 작가의 시선을 따라 물음에 답을 찾아 나가는 과정을 경험하고 궁극적으로는 책 속 인물과 상황을 바라보는 자신만의 관점을 만들어 갑니다. 글쓰기를 많이 해 보지 않았음에도 유독 또래보다 성숙하거나 신선한 글을 쓴다면 십중팔구 독서를 즐겨 하는 아이들일 겁니다. 이 아이들은 잘 쓰려고 의식하지 않아도 독서를 하면서 자연스럽게 길러진 사고력과 표현력이 글에 녹아들어 있습니다.

그러나 단순히 책만 많이 읽는다고 사고력과 표현력이 저절로 길러지는 것은 아닙니다. 책을 읽은 후 온전한 자신의 것으로 만드는 시간이 꼭 필요합니다. 과거에는 학교 현장에서 다독을 강조했다면 요즘에는 온책 읽기, 슬로 리딩 등 충분한 시간 동안 천천히 책을 읽고 책을 읽고 난 후 느낌이나 떠오르는 생각을 나누는 활동을 중요시합니다. 그래서 글쓰기 활동을 독후 활동과 연계하여 책에서 던진 물음에 자신만의 답을 찾아보기도 하고 새롭게 접한 단어나 생소한 표현을 직접 사용해 보며 글을 써 보기도 합니다.

"잘 쓴다는 게 뭔지 모르겠어요.", "잘 못 쓸까 봐 걱정이에요."

저 스스로도 좋은 글에 대해 꽤 나중에야 생각해 보게 된 것처럼 여태까지 학생들도 어떤 글이 좋은 글인지 읽고 느껴 볼 기회가 많지 않았을 것입니다. 책을 많이 읽는 학생들도 글을 으레 읽을 뿐 지금 읽고 있는 글이 좋은 글인지 생각해 보면서 읽은 경험이 많지 않을 겁니다. 성인인 저에게도 좋은 글이 모호한 것처럼, 학생들에게도 좋은 글은 모호합니다. 그렇기 때문에 학생들에게 좋은 글을 쓰라는 주문은 안개 속을 걷는 것처럼 막연하게 느껴집니다.

그래서 글쓰기 활동 중 좋은 글을 읽고 느낄 수 있는 시간을 종종 가집니다. 좋은 글이라면 주로 같은 학급 학생들의 글 중 투박하더라도 글 쓴 학생의 감정이나 생각이 오롯이 담겨 있어 많은 학생들이 깔깔거리며 혹은 먹먹하게 읽을 수 있는 글들입니다. 감정이 생생히 살아 있는 친구들의 글들을 많이 읽어 보면서 자연스럽게 좋은 글에 대한 자신만의 기준을 정립해 나갈 수 있습니다.

한편, 잘 못 쓸까 봐 주저하여 쉽사리 글을 쓰지 못하는 학생들도 있습니다. 지우개로 몇 번이고 쓴 글을 지우는 학생들 또는 지우개로 지우는 것조차 조심스러워서 시작도 못하고 있는 학생들. 확신이 없어 시도조차 주저하는 학생들입니다. 발표할 때 유난히 쑥스러움을 타는 학생들이 있듯이 자신을 드러내는 것에 익숙하지 않은 학생들은 글로 자신을 보여 주는 것에도 부끄러움을 느낄 수 있습니다.

이런 학생들은 교실과 교사, 학급 친구들이 편안해질 때까지의 시간이 필요합니다. 부담 없는 마음으로 글을 쓸 수 있게끔, 맞고 틀림이 없이 자신의 생각을 잘 표현하면 그것이 좋은 글이라고 격려하며 기다립니다. 시간이 흘러 글쓰기에 익숙해지거나 친구들이 쓴 글을 읽어 보면서 긴장이 풀리면 학생들은 저절로 글을 쓰게 될 테니, 편안한 마음으로 글을 쓸 때까지 격려와 용기를 주면서 기다려 주시면 학생들에게도 점차 자신감이 붙을 것입니다.

"이런 글은 쓰면 안 되는 내용 아닌가요?"

많은 학생들이 '착한 글'을 읽고 쓰는 데 길들여져 있습니다. 도덕적이고 교훈적인 내용을 담고 있어야 좋은 글이라고 생각합니다. 흔히 말하는 '모범생'들이 더 그러한 경향을 지닙니다. 자주 접하게 되는 교과서나 권장 도서들은 대부분 답이 정해져 있거나 바람직한 목표가 담겨 있는 내용들로 이루어져 있는 편입니다. 그러다 보니 글을 쓰면서도 항상 무언가를 반성하고 다짐합니다. 또, 자신이 타인에게 어떻게 보여질지에 민감한 고학년 학생들은 애초에 자신의 생각과 느낌을 통제하고 검열합니다. 스스로가 부정적으로 비춰질 수 있는 부분은 아예 생략해 버립니다.

주말 동안 우리 집은 전쟁이었다. 동생과 내가 싸웠기 때문이다. 나는 너무 억울했다. 동생이 먼저 내 핸드폰을 만지길래 만지지 말라고 이야기했다. 그런데 내 말을 무시하고 내 핸드폰을 자꾸 만져서 결국 소리를 질렀다. 솔직히 소리를 지른 것은 잘못이었다. 그렇지만 동생은 착하게 이야기하면 잘 안 듣기 때문에 어쩔 수 없었다. 그런데 엄마는 동생한테 왜 소리 지르냐며 나한테만 뭐라고 한다. 내 물건을 함부로 만지는 동생이 너무너무너무 싫다. 동생이 우리 집에서 사라졌으면 좋겠다.

학생이 이런 글을 썼다면 선생님들께서는 학생에게 어떻게 이야기 해 주고 싶으신가요? 글 쓴 학생은 동생에게 화가 많이 나 동생을 부정적으로 표현하고 있습니다. 동생 때문에 벌어진 일인데 동생 때문에 부모님에게 혼이 난 순간 '동생이 싫다'는 감정이 드는 것은 이 학생에게는 너무나 당연하고 자연스러운 반응입니다. 불쾌한 감정이 생기는 것 자체가 틀린 것은 아니며 불쾌한 감정과 생각 또한 그 학생의 일부분입니다. 학생 본인의 생각과 감정이라는 것만으로 존중받을 가치가 있습니다.

글은 곧 '나'이기 때문에 자신의 글 속 감정이나 생각에 대해서 그 누구도 부정할 수 없습니다. 그래서 글을 쓸 때에는 타인의 시선에 자신을 맞추지 않아도 됨을 일러 줍니다.

교사는 학생이 건강한 마음으로 성장할 수 있도록 안내하고 돕는 조력자이기 때문에 불쾌한 감정에 공감해 주되 무조건적으로 감정을 수용하기보다 올바르게 감정을 표현할 수 있도록 지도해야 합니다. 글을 쓰는 동시에 불쾌한 감정을 바람직하게 해소하는 방법, 갈등 상황을 현명하게 해결하는 방법을 찾도록 지도하는 것은 교사가 할 수 있는 특별한 역할이지 않을까요.

다만 자유롭게 글을 쓰되 불쾌한 감정을 불러일으키는 요인이 일반 상식에서 벗어난 비합리적인 사고 과정에 의한 것일 경우, 맹목적인 추종이나 그릇된 신념, 극단적인 비약 등에 대해서는 교사의 개입이

필요합니다. 학생들이 건전한 비판을 하되 맥락 없는 비난을 하지 않
도록 지도해야 합니다.

"글 쓰는 시간이 너무 오래 걸려요."

'글 쓰는 시간이 오래 걸린다.'를 곧 '글을 못 쓴다.'와 같은 뜻으로
생각하는 학생들이 있습니다. 이것은 제 어린 시절의 고민이기도 했습
니다. 학창 시절 학교에서는 백일장 대회나 불조심 강조의 달 글짓기
대회 등 글짓기 대회가 꽤 자주 있었습니다. 대회 때면 B4 용지 앞뒤
로 인쇄된 원고지에 글을 썼는데, 선생님께서 주시는 원고지는 왜 그
렇게 칸이 유난히 많아 보이고, 시간은 어째서 평소보다 빠르게 흘러
가는지 몰랐습니다. 고개를 들어 보면 주위 친구들은 쓱쓱 써 내려가
는데 저는 쓰다가 다 지우고 다시 조금 쓰다가 지우고를 반복하기 일
쑤였습니다. 게다가 다 쓴 친구들은 진즉 제출하고 놀고 있는데 야속
하게 분량도 정해져 있어서 분량을 못 채우면 낼 수조차도 없었습니
다. 시간 안에 글을 완성하지 못할까 봐 초조함에 발을 동동 구르다가
별수 없이 돌림노래처럼 같은 말을 하고 또 하며 힘겹게 글을 채우던
기억이 있습니다. 그럴 때마다 다른 친구들은 저렇게 금방 글 쓰고 노
는데 왜 나는 이렇게 오래 걸리고 힘들까 생각하며 스스로를 원망하
곤 했습니다.

그래도 유명 작가들의 일화를 들어 보면 글 쓰는 데 오랜 시간이 걸
리는 것은 저만의 고민은 아니었던 것 같습니다. 헤밍웨이는 〈노인과
바다〉를 출간하기 전까지 200번도 넘게 탈고를 했다고 하고, 드라마

40

〈시그널〉, 〈킹덤〉 등을 집필한 김은희 작가는 대본을 쓰다 막혀 밤을 꼬박 지새우며 생각하다가 동틀 무렵이 되어서야 아이디어가 겨우 떠올랐다고 합니다. 손꼽히는 작가들도 글을 쓰느라 긴 시간 동안 수없이 고민을 하고 썼다 지우기를 반복하고 있는 것입니다.

색칠하기, 달리기, 리코더 불기 등등 학생들은 저마다의 속도가 다릅니다. 이는 글쓰기뿐만이 아니죠. 글 쓰는 속도가 느려 주눅 든 학생들에게 꼭 이렇게 이야기해 주고 싶습니다. 빨리 쓴다고 해서 그 글이 항상 좋은 글일 수는 없다고. 생각이 많은 사람일수록 글 한 편에 다양한 생각을 정성껏 담기 위해 고민하느라 시간이 오래 걸리는 거니까 좋은 글을 쓸 때에는 당연히 시간이 오래 걸릴 수밖에 없다고. 또, 글을 꾸준히 쓰다 보면 글쓰기에 익숙해지면서 글쓰기가 편안해지고 글 쓰는 속도도 빨라질 수 있다고 말이에요.

| 글쓰기 지도 5계명

학생들과 글쓰기 활동을 할 때 이것만은 꼭 지키며 지도하려고 다짐합니다.

하나, 글을 쓰고 싶은 마음 길러 주기

안타깝게도 학교에서 하는 글쓰기나 과제는 대체적으로 학생들에게 글 쓰고 싶은 마음이 절로 우러나게 하는 즐거운 활동은 아닙니다.

어쩔 수 없이 해야 하는 타의적 글쓰기에 가깝습니다. 그래서 학생들은 글쓰기를 누군가가 시키니까 해야 하는 재미없는 것이라고 치부하기 일쑤입니다. 글을 쓰려는 의지가 없으면 좋은 글이 나오기 어렵습니다. 평소 글을 잘 쓰던 학생도 쓰기 싫을 때 쓴 글은 티가 납니다. 억지로 쓴 글에는 생각과 감정이 잘 담기지 않다 보니, 자신의 의지가 없는 비자발적 글쓰기는 까딱하면 글씨 연습, 분량 채우기로 전락해 버립니다. 따라서 학급에서 학생들이 글쓰기를 과제로 여기면서도 한편으로는 하고 싶은 것으로 인식하도록 하는 장치가 필요합니다.

학생들이 글을 쓰고 싶도록 유도하려면 동기요인을 자극해야 합니다. 이런 동기요인에는 어떤 것들이 있을까요? 이를 내재적 동기과 외재적 동기로 구분하자면 다음과 같습니다.

내재적 동기	• 글쓰기 과정에서 느끼는 즐거움과 재미 • 결과물에 대한 자기만족감, 성취감 • 독재(친구, 부모, 교사)와의 교감과 상호작용
외재적 동기	• 보상 • 칭찬과 격려(친구, 부모, 교사) • 산출물(문집, 출판, 학급SNS)

교사는 다양한 동기요인을 활용하여 학생이 글을 쓰면서 성취감을 느끼고 글쓰기는 힘들지만 즐거운 활동이라는 인식을 심어 주는 것이 중요합니다. 이러한 동기는 활동 자체에서 오는 재미일 수도 있고, 친구들의 칭찬일 수도 있습니다. 학생들의 동기요인을 유발하는 글쓰기 활동을 구성하면 그 효과는 배가 됩니다.

42

학생들 스스로가 글을 쓰고 싶다는 마음이 들어 직접 써 내려갈 때 자신에게도 글쓰기가 진정한 의미를 가집니다. 친구와 수다를 떠는 것처럼 하고 싶은 말을 술술 써 내려갈 때 좋은 글이 나올 확률이 큽니다. 표현의 욕구를 자극해서 글쓰기를 시간만 잡아 먹는 지겨운 숙제가 아닌 할 말이 있어 입이 근질거리는, 자신만의 마이크라고 여긴다면 신나게 글을 쓸 수 있을 겁니다.

'그래도 학생들이 정말로 글쓰기를 좋아할 수 있을까?' 라고 의문을 품는 선생님들도 계시겠지만, 분명히 가능합니다. 선생님들께서 물꼬만 잘 터 주신다면, 쉬는 시간에 책에 푹 빠져 종소리도 듣지 못하고 책을 읽는 학생이나 하염없이 그림을 그리면서 시간을 보내는 학생들처럼 글쓰기로 스트레스를 해소하고 해방감을 맛보는 학생들을 분명히 발견할 수 있습니다.

둘, 학생들의 표현을 존중하기

아이들은 참 솔직합니다. 자신을 드러내고 싶은 욕구가 커서 그런지 나이가 어릴수록 스스로를 거리낌 없이 표현합니다. 쉬는 시간마다 선생님 옆 자리로 와서 쉬지 않고 조잘거리는 저학년 학생들만 봐도 그렇죠. 포장하지 않은 생각과 느낌으로 채워진 아이들의 글은 어른 손을 타지 않을수록 아이다울 수 있습니다. 아이들 손끝에서 나온 글이 보기 좋게 정리되지 않았더라도 되도록 그대로 두려고 합니다.

제가 학창 시절에 경험했던 글쓰기교육은 지금보다 더 형식에 엄격했던 것 같습니다. 일기를 쓸 때 어떤 이유 때문인지 '나는 오늘'로 시작하지 말라고 배웠던 기억이 있습니다. 아마 단조로움을 피하기 위함이었을 것 같습니다. 아무튼 그 엄격한 형식에 따라 글쓰기를 배웠던 저는 학생들 글에서 형식적인 오류, 맥락과 어울리지 않는 단어, 적절하지 않은 비유 표현 등이 눈에 거슬릴 때가 많습니다.

하지만 잘못된 표현을 발견하더라도 바로 수정해 주지 않습니다. 대신 먼저 학생이 왜 이렇게 쓰게 되었는지를 짐작해 보려고 합니다. 단순 실수일 수도 있지만 생각지도 못한 기발한 생각이 서투른 표현 속에 숨겨져 있을 수도 있습니다. 글의 흐름상 크게 문제되지 않는 부분이라면 그대로 놔둘 때가 많은데 맥락상 꼭 짚고 넘어가야 할 부분이라면 먼저 학생의 표현 의도를 살펴봅니다. 어떤 생각을 가지고 이렇게 표현했는지를 학생과 이야기 나누어 보고, 자신의 생각이 잘 드러나게끔 표현을 다듬을 수 있게 안내합니다.

그래서 학생들 글을 첨삭할 때면 '이 코멘트가 학생들의 자유로운 사고와 표현을 방해하는 것은 아닐까?'라고 꼭 한 번 생각해 봅니다. 틀렸다는 피드백들로 인해 글로 표현하기를 주저하고 학생들의 마음이 위축된다면 이는 좋은 피드백이 아니라고 생각합니다. 글의 형식적 오류를 수정하는 법은 앞으로 국어 학습을 하면서도 더 배워 나갈 부분이고 성장하면서 자연스럽게 습득할 수도 있습니다. 하지만 생각을 키우고 다듬는 연습만으로도 1년은 너무나 짧은 시간이기 때문에 학생들이 이 시간 동안만큼은 원없이 생각을 키워나가는 데에 집중하도록 합니다.

셋, 글 속에 묻혀 버린 학생들의 목소리 찾기

학생들과 '내가 좋아하는 동물'이라는 주제로 글을 쓴 적이 있습니다. 그중 한 학생이 다음과 같이 글을 써 왔습니다.

<사막여우 소개하기>

지금부터 사막여우에 대해 소개하겠다. 사막여우는 몸길이 35~41cm, 꼬리 길이 18~30cm, 어깨 높이 19~21cm, 뒷발 길이 10~11cm, 귀 길이 10~15cm, 몸무게 1~1.5kg이다. 귀가 엄청나게 크고 길다. 시작 부분의 폭이 넓고 삼각형 모양이나 끝은 뾰족하지 않다. 주둥이는 뾰족하다. 털빛이 매우 밝으며 거의 흰색에 가까운 황갈색이다. 꼬리는 텁수룩하며 끝이 검고 꼬리 시작 부분에 검은 얼룩이 있다. 사막여우에 대해 많이 알게 되어 뿌듯하다.

제목만 봐도 알 수 있듯이 사막여우를 소개하는 글입니다. 사막여우를 아주 자세하고 정확하게 설명하고 있으니 좋아하는 동물을 소개한다는 목적에 부합하는 글일 수 있습니다. 글 쓴 학생은 독자들에게 사막여우에 대한 정확한 정보를 전달하고자 했으며 정확한 정보가 많이 담긴 글이 좋은 글이라고 생각했을 겁니다. 그러다 보니 첫 문장과 마지막 문장을 제외하고는 인터넷에서 조사한 내용을 거의 그대로 담았습니다.

대상을 소개하는 글이니 대상에 대한 정확한 정보가 물론 중요합니다. 하지만 교실에서 소개하는 글을 쓰는 목적은 동물 전문가 입장에서 백과사전에 수록하는 정확한 글을 쓰는 것이 아니라 '내가' 관심 있는 동물을 소개해 보기 위함입니다. '소개'가 아니라 '나'에 방점이 찍혀 있기 때문에 조사나 정보 전달도 중요하지만 무엇보다 사막여우를 보는 '나'의 시선이 독자에게 느껴져야 합니다. 그렇지만 이 글에서는 '나'가 보이지 않고 그저 정보를 제공해 주는 누군가의 목소리를 빌렸을 뿐입니다.

그렇다면 이 글에서 교사가 발견해야 하는 학생의 목소리는 '나는 사막여우를 좋아한다.'일 것입니다. 학생의 목소리를 가리는 곁가지들이 너무 많아 글 속에서 학생이 잘 보이지 않는다면, 교사는 학생의 목소리가 잘 들릴 수 있도록 곁가지를 정리하고 목소리를 살려 더 잘 들리도록 하는 방법을 찾아야 합니다.

이 글에서는 사막여우에 대한 객관적인 정보보다는 학생이 왜 사막여우를 좋아하게 되었는지, 사막여우를 본 경험이 있는지, 관찰했을 때 사막여우의 생김새는 어땠는지, 다른 동물에 비해 사막여우가 가지고 있는 특징은 무엇인지 등의 내용을 담을 때 비로소 사막여우를 바라보는 학생의 시선을 느낄 수 있을 것입니다.

중, 고학년 사회나 과학 교과에는 어떤 대상을 조사한 다음 이를 글로 쓰는 활동이 등장합니다. 학생들은 글 속에 정확한 정보를 많이 담는 것에 치중하여 조사 내용을 그대로 옮겨 적을 때가 많습니다. 하지만 이는 정보를 제공해 주는 누군가의 목소리지, 나 자신의 목소리가 아닙니다. 그래서 학생들에게 항상 자신의 목소리가 음성지원이 되는 것 같은 글을 쓰자고 지도합니다.

넷, 학생들의 세상을 담기

학생들의 세상과 멀리 떨어진 글은 학생들의 마음을 겉돌기 마련입니다. 자신이 가장 좋아하는 연예인을 소개하는 글을 쓸 때와, 읽어 본 적도 없는 소설을 쓴 300년 전 어느 러시아 작가를 소개하는 글을 쓸 때 학생들은 어떤 글을 더 자신 있고 신나게 쓸 수 있을까요? 당연히 전자일 겁니다. 만약 교사가 학생들에게 글감을 제시한다면 생각할 가치가 있고 술술 이야기할 수 있는 소재들을 학생들의 수준과 흥미를 고려하여 의도적으로 구성해야 합니다.

학생들에게 '나'의 세계를 담아 '나'만 쓸 수 있는 글을 쓰자고 강조합니다. 마치 신이 멀리서 내려다보는 전지적시점에서 내 말과 행동을 관찰한 것처럼 쓰기보다는, 일인칭시점에서 내가 보고, 듣고, 느낀 것을 쓰라고 이야기하죠.

가끔 학부모 상담을 하다 보면 글쓰기가 중요하다고 생각하지만 다른 과목과 달리 글쓰기는 어떻게 지도해야 할지 모르겠다는 이야기를 듣습니다. 부모가 자녀의 글쓰기를 직접 가르치는 것은 매우 어려운 일이라고 생각합니다. 솔직한 글쓰기가 거의 불가능하기 때문입니다. 학생들 입장에서는 부모님께 자신의 속마음을 내비치는 것이 어렵고 부끄럽습니다. 페이스북의 대나무숲, 에브리타임, 블라인드, 인디스쿨의 익명 게시판 등에 쉬지 않고 글이 올라오는 이유도 나를 잘 알지 못하는 누군가에게 속마음을 허심탄회하게 털어놓는 것에서 오는 후련함 때문입니다. 이와 마찬가지로 학교에서의 글쓰기는 가정에 비해 적당한 거리두기가 가능하기 때문에 '나'만의 세상을 담는 글쓰기가 가능합니다. 이는 학교에서의 글쓰기만이 가지는 특장점입니다.

다섯, 교사도 학생들도 부담 가지지 않기

글쓰기 활동 초창기에는 일주일에 두 편씩을 가정에서 써 오도록 과제로 내주었습니다. 많이 쓰다 보면 실력도 빨리 늘 것이라는 예상과는 달리 급하게 써낸 글이 많았습니다. 생각그물을 그리고 글의 형식에 맞추어 쓰려면 시간이 꽤 걸리는데, 학생들은 과제를 내기 전날인 일요일 저녁에서야 발등에 불 떨어진 듯이 두 편씩이나 써서 내야 하니 생기는 문제였습니다. 시간에 쫓겨 허겁지겁 쓰는 글들이 얼마나 의미가 있을까 싶었습니다. 도저히 이렇게는 글을 쓰는 의미가 없다고 판단되어 이 문제에 대해 학생들과 솔직하게 이야기를 나누어 보았습니다. 역시나 예상대로 학생들은 숙제로 두 편을 쓰는 것은 너무 부담스럽다며 한 편이 적당하다고 이야기했습니다. 학생들의 마음을 들어 보니 더 고민스러워졌습니다. 소신을 지켜서 원칙을 쭉 밀고 나가야 할지, 아니면 학생들의 상황을 고려해서 과제 양을 줄여야 할지 판단이 어려웠습니다. 사실 마음 한구석에는 학생들이 충분히 할 수 있는데도 괜한 엄살을 부리는 것은 아닌지 불신(?)도 없지 않았습니다. 하지만 이대로는 더 이상 글을 쓰는 의미가 없을 것 같아 믿고 맡겨 보기로 했습니다. 걱정과는 달리 확실히 급하게 쓴 두 편의 글보다는 오히려 글 한 편의 질이 더 좋아졌습니다. 글의 질을 좌우하는 것은 학생들의 마음이었습니다. 마냥 양만 늘리는 것이 능사는 아니라는 것을 실감한 순간이기도 했습니다.

그 이후로는 글쓰기 활동에 있어서 학생들의 목소리를 듣고 반영하려고 노력합니다. 학생들의 수준이나 향상 속도가 제각각 다르기 때문에 교사 주도로 이뤄지는 일방적인 글쓰기 활동이 시작은 괜찮을지 몰라도 따라오지 못하는 학생들은 점점 지쳐 나가떨어질 수 있습니다. 또, 경직된 환경에서는 좋은 글을 쓰기가 어렵기 때문에 글쓰기 활동 중 불편함이 있으면 바로 건의하고 피드백 할 수 있는 환경을 구성합니다.

그래서 학기말이나 학년말에는 글쓰기에 대한 설문조사도 해 봅니다. 설문조사를 해 보면 학생들이 글쓰기를 하는 데 시간이 어느 정도 소요되고 어떤 점이 재미있고 어려운지를 파악하기 쉽습니다. 학생들의 피드백은 다음 해의 글쓰기를 진행하는 데에도 도움이 됩니다.

학생들뿐만 아니라 저 또한 지치지 않는 선을 찾아야 했습니다. 자칫 욕심이 앞서는 바람에 속도 조절을 못해 글쓰기 활동 자체를 중도 포기하기 십상이니까요. 학생들도 저도 지치지 않는 선에서 '1년간 포기하지 않고 꾸준히 쓰기'로 목표를 정하고 기본 원칙을 다음과 같이 세웠습니다.

첫째, 일주일에 한 편씩 과제로 글쓰기.

과제 부담을 줄이기 위해서 창체 시간이나 국어 교과 시간 등을 활용하여 학교에서도 충분히 진행할 수는 있습니다. 하지만 학생들마다 고민하고 글을 쓰는 데 걸리는 시간이 천차만별이다 보니 40분이라는 정해진 시간 안에 써내야 한다는 부담을 가지기도 합니다. 그래서 시간에 쫓기지 않고 충분히 고민한 다음 정성껏 글을 쓸 수 있도록 가정에서 과제로 글을 쓰게 합니다. 글을 쓰는 대신 활동지로 대체하는 경우도 있지만 거의 매주 글쓰기를 거르지 않으려고 합니다.

둘째, 개별 활동으로 진행하기.

글쓰기 활동은 주로 개별 활동으로 진행하려고 합니다. 마찬가지로 글을 쓰는 학생들의 속도나 수준이 제각각이다 보니 자기보다 잘 쓴 학생들의 글을 보면서 위축되는 학생들이 있습니다. 분명 글을 타인과 공유하면서 얻게 되는 효과도 있지만 생각이 익을 때까지는 각자의 속도를 존중하며 전체 활동이나 모둠 활동 대신 개별 활동 위주로 진행합니다.

셋째, 글감 제시하기.

글쓰기만으로도 마음이 바쁜 학생들에게는 무엇을 쓸지 고민하는 것도 무척 부담입니다. 그래서 '무엇을' '어떻게' 써야 할지 중 '무엇을'에 대한 부담을 조금 덜기 위해 매주 써야 할 글감을 안내합니다. 글감에 대한 좀 더 자세한 내용은 뒤에서 살펴보겠습니다.

학생들과 글쓰기를 할 때 꼭 지켜야 할 원칙을 나름대로 정해 두니, 지도 과정 중 어느 부분에 방점을 찍어야 할지 정리가 되어 조금 더 수월해졌습니다. 선생님들께서도 글쓰기 활동을 시작하기 전 목표와 기준을 먼저 세워 보시면 어떨까요? 모든 교육활동이 그렇듯 목표와 기준이 정해지면 지도 방법을 찾는 것도 조금 쉬워집니다. 1년 뒤 학생들이 글을 어떻게 쓰기를 바라는지 상상해 보신 다음 목표를 설정해 보면 좋겠습니다.

오늘 뭐 쓰지?

글쓰기는 '무엇'을 '어떻게' 쓰느냐가 관건이죠. 글쓰기에 익숙하지 않은 학생들은 어떻게 써야 하는가도 걱정이지만, 그에 못지않게 무엇을 쓸지에 대해서도 막막해 합니다.

자전거를 익히는 과정에 글쓰기를 비유해 볼게요. 처음으로 세발자전거를 접한 아이들은 세발자전거를 타는 것이 능숙해지면 두발자전거에 보조 바퀴를 달고 연습을 합니다. 두발자전거가 어느 정도 능숙해지면 보조 바퀴를 떼고 타기 시작합니다. 두발자전거를 처음 탈 때에는 넘어지지 않도록 누군가가 뒤에서 잡아 주지만 어느 순간 뒤에서 조금씩 손을 놓은 것도 모른 채 자유롭게 달립니다. 자전거가 처음인 아이에게 곧장 두발자전거를 타게 한다면 아주 드물게 운동신경이 뛰어난 아이가 아닌 이상, 대부분은 자전거가 어렵고 다칠까 두려워

나가떨어질 겁니다.

글쓰기도 자전거를 타는 것처럼 단계적인 연습이 필요합니다. 보조 바퀴를 달고 연습하다가 보조 바퀴를 떼고 자유롭게 달리는 자전거 타기처럼 글도 처음부터 바로 써 내려가는 것이 아니라, 주변을 살펴 쓸거리를 찾고 생각을 정리하며 글 쓰는 과정에 익숙해지면 스스로 쓰고 싶은 주제를 생각하고 쓰는 단계로 넘어가야 합니다. 그렇지 않으면 학생들은 글쓰기를 지겨운 골칫덩어리로 여겨 지레 포기해 버릴지도 모릅니다. 그래서 처음 글 쓰는 연습을 하는 학생들에게는 글감을 제시합니다. 글감 제시는 보조 바퀴인 셈입니다. 비교적 쉽게 쓸거리를 떠올릴 수 있는 글감을 제시하다가 궁극적으로는 스스로 글감을 찾고 쓰도록 지도합니다.

글감 선정에 요령이 없었을 때에는 그때그때 즉흥적으로 떠오르는 것들을 글감으로 제시했습니다. 그런데 학생들이 써 온 글을 읽다 보니 어떤 때는 학생들의 공책 한 페이지가 훌쩍 넘어가는가 하면 또 어떤 때는 평소 글을 많이 쓰던 학생들의 글조차도 분량이 반토막 나는 때가 있었습니다. 학생들이 글로 풀어내기 어려운 글감이었고 학생들의 눈높이를 고려하지 않았기 때문이었습니다. 글쓰기에 익숙하지 않은 학생들의 결과물은 글감에 따라서도 크게 달라집니다. 자신의 관심사를 이야기하는 학생들의 반짝거리는 눈을 본 적 있으신가요? 자신이 잘 알고 좋아하는 주제를 이야기할 때면 신이 나서 끝도 없이 조잘조잘 말합니다. 이처럼 학생들의 눈높이에 맞는 글감을 선택하는 것만으로도 학생들의 글은 무한히 풍부해집니다.

그래서 글감을 정할 때는 딱 두 가지, '학생들의 눈높이에 맞는지'와 또 '답이 정해지지는 않았는지'를 기준으로 합니다. 답이 정해져 있는 글감은 사고를 한정시키는 경향이 있어 되도록 다루지 않습니다. 학생들의 발달 수준에 따라 저학년에는 개인적이고 일상적인 소재 위주로, 학년이 올라가면서 사회 담론이나 철학적 질문의 비중을 높여 생각의 폭을 확장시키고 글의 수준을 높일 수 있도록 글감을 제시합니다. 다양한 소재로 글을 쓰며 설명도, 비판도, 상상도 해 보면서 학생들이 다양한 경험을 해 볼 수 있도록 안내합니다.

여기서는 학생들에게 제시하는 글감의 몇 가지 유형을 소개해 보고자 합니다.

| 일상, 찰나의 순간

일상이나 관심사는 학생들이 부담 가지지 않고 편하게 글을 쓸 수 있는 소재입니다. 아침에 눈을 뜨면서부터 잠들 때까지 학생들의 하루 일과는 좋은 쓸거리가 됩니다. 나, 가족, 친구, 집, 여가 시간, 학교와 학원, 내가 살고 있는 동네와 등하교 길의 풍경, 사계절, 관심사, 장래 희망 등 학생들은 익숙한 것들에서 쓸거리를 쉽게 떠올립니다.

일상은 연중 꾸준히 활용할 수 있는 소재입니다. 범주가 다양해서 글쓰기 소재 자체로도 좋지만, 학생들의 글을 통해 학교생활만으로는 미처 알 수 없었던 학생의 색다른 면을 발견할 수도 있습니다. 지난주말 검도 대회에서 은메달을 딴 학생, 최근 웹툰에 푹 빠져 웹툰 작가의 꿈을 키워 가고 있는 학생 등등 바쁜 학교 일과로 그냥 지나쳤을 수도 있는 학생들의 학교 밖 모습을 들여다보게 됩니다.

글은 바쁜 학교생활로 미처 살피지 못한 학생의 마음을 살펴볼 수 있는 좋은 창구가 되기도 합니다. 교실에서는 교사에게 쉽게 다가오지 못하는 수줍음 많은 학생들이나 대화가 어려운 학생들이 교사와 매주 주고받는 글쓰기 공책에 고민거리를 털어놓기도 합니다. 학생들의 일상이 담긴 글을 읽다 보면 학생들의 세계로 초대받은 듯한 기분에 느낌이 새롭기도 합니다.

학사일정이나 계절의 변화, 공휴일 등은 해마다 반복되기 때문에 연초에 쓸거리를 어느 정도 생각해 두는데, 월별로 정리하면 다음과 같습니다.

3~4월	새 학기, 자기 이해, 가족, 봄, 교우관계, 학교생활, 장래 희망, 미세먼지
5~6월	어린이날, 어린이날 기념 체육대회, 어버이날, 스승의날
7~8월	여름, 여름방학, 장마, 더위
9~10월	가을, 2학기, 추석, 한글날, 현장 체험학습, 운동회, 개교기념일
11~12월	겨울, 첫눈, 예술제, 수능, 크리스마스, 학년 마무리
1~2월	겨울방학, 신년, 설

┃ 소소하지만 위대한 도전

동학년 선생님들과 함께 학년 공동으로 글쓰기 활동을 진행하던 해가 있었습니다. 어느 날, 옆 반 선생님께서 학급 학생이 써 온 글과 함께 비하인드 스토리를 들려주셨습니다.

그 주 글쓰기 주제는 '좋아하는 음식을 소개하고 만드는 순서 설명하기'였다고 합니다. 그 학생은 자신이 가장 좋아하는 음식인 스파게티를 소개하고 싶었나 봅니다. 글을 쓰기 위해서는 스파게티를 만드는 순서를 알아야 하는데 스파게티를 만드는 방법을 몰랐다네요. 그래서 주말 동안 스파게티를 직접 부모님과 함께 만들어 본 다음 본인의 요리 과정을 글로 써 보았다고 합니다. 그렇게 글을 쓰고 나서 월요일에 학교에 와서 글쓰기 덕분에 요리도 해 보고 너무 재미있었다고 자랑하더랍니다. 그 학생은 글쓰기 과제를 계기로 새로운 경험을 해 본 셈입니다. '스파게티 만드는 게 별건가?'라고 생각할 수도 있습니다. 어른들의 기준에서는 별것 아닌 사소한 일과들이 학생들에게는 커다란 산을 넘는 듯한 큰 도전이 되기도 합니다. 스파게티를 만들기 위해 채소를 씻어 다듬고 면을 삶고 하는 모든 과정이 학생에게는 큰 성취감으로 다가갔을 겁니다.

가끔씩 이렇게 어렵지 않으면서도 시도해 볼 만한 계기가 없어 해 보지 않은 소소한 도전을 학생들에게 제시합니다. 학생들은 새로운 시도를 하며 그동안 몰랐던 새로운 자신을 발견하고 깜짝 놀라기도 하면서 한걸음 더 성장하는 계기가 되기도 합니다.

- 내가 좋아하는 음식을 만드는 방법 소개하기
- 가족들에게 '사랑해, 고마워.'라고 이야기하면?
- 실내화 빨고 난 후 나의 생각과 느낌은?
- 내가 생각하는 가장 잘 날아가는 종이비행기 접는 방법 설명하기
- 내가 한 번도 들어 본 적 없는 음악(나라, 장르, 가수…) 찾아서 들어 보고 감상 소감 기록하기

ㅣ살면서 한 번도 생각해 보지 않은 것들

저의 스물세 살 여름은 제 인생을 뒤흔든 가장 강렬한 전환기였습니다. 그해 여름 저는 산티아고 순례길 한가운데에 서 있었거든요. 산티아고 순례길은 스페인과 국경이 맞닿아 있는 프랑스의 '생장 피에드포르'라는 작은 마을에서 시작해 스페인 북서쪽에 위치한 '산티아고 데 콤포스텔라'라는 도시로 향하는 스페인 북부의 800km 정도 되는 길입니다. 과거에는 종교적인 이유로 순례자들이 참배를 위해 걷는 길이었지만 오늘날에는 전 세계 수많은 사람들이 종교적인 의미 이외에도 저마다의 물음을 지고 찾아와 해답을 얻기 위해 걷고 또 걷는 곳입니다.

20대 시절 으레 겪는 성장통을, 그 당시 저는 조금 더 지독히 앓고 있었던 것 같습니다. 대학 입시라는 거대한 인생 과업 이후로 미뤄 두고 외면해 왔던, 나와 타인 또는 세상에 대한 막연한 질문들이 어느 한 순간에 갑자기 나를 덮쳐 왔고 혼돈의 무게를 이기지 못해 혼자 배낭 하나만 들고 도망치듯 서울을 떠났습니다.

길 위에서의 하루는 단순했습니다. 동이 트면 하루에 6시간, 30km 내외를 걷기 시작하고 해가 머리 위로 올 때쯤이면 거기서 멈추는 것. 8월의 태양이 내리쬐는 흙길 위에서 햇볕을 온몸으로 받으며 끝도 보이지 않는 길을 한 달 동안 하염없이 걷다 보니 머리가 지끈거릴 정도로 많은 생각들이 꼬리에 꼬리를 물고 왔습니다. 잠들기 전에는 습관처럼 공책에 매일 하루를 기록했는데, 그때 불안하고 막연한 감정과 생각들이 뒤엉킨 독백들로 공책 한 권을 빼곡히 채운 기억이 납니다. 그렇게 한 달 동안 날것 그대로의 감정과 생각을 쉬지 않고 토해 내다 보니 끝에 다다를 즈음엔 머릿속을 쪼아대던 수만 가지 물음표들이 하나둘 사라졌고 마지막에는 도착점인 산티아고 데 콤포스텔라 대성당 앞에 고요히 설 수 있었습니다. 누군가가 그 길에서 그렇게 고생하면서 얻은 것이 무엇이냐고 물어본다면, 가장 깊숙한 곳에 있던 나를 마주했기 때문에 앞으로 수없이 마주할 인생의 질문들에 가장 나다운 답을 자신 있게 내보일 수 있는 배짱이 생겼다고 말할 수 있을 것 같네요.

특별한 계기가 있지 않는 한 '삶, 죽음, 자유'와 같은 어느 정도 깊이 있는 주제를 학생들이 접해 볼 기회가 많지 않으리라 생각됩니다. 난해하게 들릴 수 있는 질문들이지만 학생들이 살아가면서 언젠가는 치열하게 고민하게 될 주제들을 글쓰기를 하며 꼭 한 번쯤 생각해 보게 하고 싶었습니다. 또, 다른 이들보다 조금 더 일찍 성장통을 앓게 될 누군가가 제가 던지는 질문으로 인해 조금 덜 고생스럽게 성장통을 넘겨 낸다면 그것만으로도 가치가 있다고 생각했습니다. 이러한 주제를 다루기에는 학생들이 어리다고 생각할 수도 있지만 삶에 대한 본

질적인 물음을 마주할 나이는 정해져 있지 않다고 생각합니다. 또, 의외로 학생들은 학생들 나름대로 현명하게 답을 찾아간다고 믿습니다.

- 죽음을 앞둔 사람들은 어떤 생각을 할까요?
- 내가 없는 이 땅을 살아갈 후손들은 나를 어떻게 기억하게 될까요?
- 시간은 빠르게 흐르고 있을까요? 느리게 흐르고 있을까요?
- 무엇이든 답을 알려 주는 책이 있다면 어떤 질문을 하고 싶나요?
- 내가 사랑에 빠진 순간은 언제였고 그 느낌은 어땠나요?
  (대상은 사람, 동물, 물건 다 가능합니다.)

| 아이들의 시선으로 바라보는 세상

정치, 경제, 환경……. 복잡하게 돌아가는 이 사회가 아이들의 눈에는 어떻게 보일까요? '뉴스를 보기에는 너무 어려.', '복잡해서 설명해 주어도 이해 못할 거야.'라고 생각하지는 않으시나요? 하지만 아이들은 아이들만의 눈으로 세상을 바라봅니다.

뉴스를 보거나 신문 기사를 읽다 보면 문득 학생들 생각이 궁금하다 싶은 화제들이 있습니다. 그럴 때면 함께 뉴스와 신문 기사를 보고 이야기를 나누어 봅니다. 몇 년 전 '노키즈존'에 대한 갑론을박이 있었습니다. '노키즈존'이란 어린이들의 출입을 제한하는 카페나 식당을 가리키는 말인데 학생들의 목소리로 들어 본 '노키즈존'에 대한 생각은 꽤 재미있었습니다. 노키즈존이 차별이라고 생각하는 학생들이 있는 반면, 노키즈존이 정당하다고 생각하는 학생들도 꽤 많았거든요.

그 이유가 궁금하시다면, 학생들과 한 번쯤 이야기 나누어 보시면 어떨까요?

그런데 아무리 재미있는 주제라 해도 학생들에게 그 주제와 관련한 배경지식이 많지 않으면 생각을 나누고 글을 쓰기에는 무리가 있습니다. 또, 우리나라에서 인공위성을 쏘아 올리든, 이웃 나라에서 화산이 폭발하든, 세상을 떠들썩하게 뒤흔들고 있는 화두라 해도 사회 이슈에 관심이 많지 않은 학생들에게는 십중팔구 주제에 대한 사전 정보가 거의 없을 확률이 큽니다. 그래서 글쓰기 활동 중 심도 있는 주제를 다룰 때에는 여러 형태의 자료를 활용하여 사전 정보를 제공합니다. 예를 들어, 노키즈존에 대한 글을 쓰려고 한다면 관련된 뉴스 영상이나 신문 기사, 다큐멘터리 등을 함께 살펴보는 것이죠. 이때 내용은 너무 좋지만 학생들 수준에 적합하지 않은 자료를 발견할 때도 있습니다. 그럴 때는 신문 기사 같은 경우, 원문을 그대로 사용하지 않고 어려운 단어를 쉬운 단어로 바꾸거나 불필요한 부분을 삭제하는 등 학생들의 눈높이에 맞추어 자료를 재가공하여 활용합니다.

또한 자료를 선정할 때에는 해당 자료가 최신 자료가 맞는지, 공인 기관에서 제작한 자료가 맞는지, 사실관계가 정확한지 여러 번 교차 점검합니다. 자료를 준비하고 학생들에게 설명하는 과정이 결코 수월하지는 않지만 잘 몰랐던 새로운 세상에 눈을 뜨며 신기해 하는 학생들이 있기에, 주기적으로 준비하는 활동이기도 합니다.

이 활동은 범교과교육이나 계기교육과 연계하여 활용하기에도 좋습니다. 1년 학사 일정을 쭉 살펴보면 3월 친구 사랑 주간부터 소프트

웨어 교육 주간, 독도 사랑 주간 등 각종 행사 주간들로 빼곡한데, 교육 주간에 맞추어 글쓰기를 진행하면 글감 선정 고민을 덜 수 있다는 장점이 있습니다. 자료를 활용하는 글쓰기 활동은 3장에서 좀 더 자세히 살펴보겠습니다.

- **[대중문화]** 우리나라 드라마나 가수가 외국에서 인기를 끄는 이유는 무엇일까?
- **[선거]** 내가 생각하는 국회의원(대통령)의 자격
- **[경제]** 합리적인 소비와 사치의 기준은 무엇일까?
- **[인권]** 어린이의 입장에서 생각하는 아동학대로 고통받는 어린이들을 구할 수 있는 방법
- **[국제]** 한복과 김치가 자신들의 문화라고 주장하는 중국 정부에 대한 반박문
- **[환경]** 지리산에 사는 반달가슴곰(멸종위기동물)이 쓴 편지

| 공부하고, 글도 쓰고

교과 학습 내용 또한 좋은 글감이 될 수 있습니다. 예를 들어, 3학년 2학기 과학에서는 다양한 동물에 대해 학습합니다. 그중 관심 있는 동물을 조사하는 활동이 나오는데, 동물을 조사하는 것으로 그치지 않고 '내가 조사한 동물과 하루 동안 생활하기'라는 글감을 준다면 학생들은 조사한 내용을 바탕으로 상상력을 덧입혀 글을 씁니다. 조사한 동물의 특징이 글에 반영될 수밖에 없기 때문에 학생들은 글을 쓰면서 자연스럽게 조사한 내용을 한 번 더 정리하는 학습 효과를 얻게 됩니다. 또 잘 아는 내용을 글로 쓰면 글의 깊이도 한층 더 깊어집니다.

해당 학년군의 교과별 교육과정을 훑어보면서 어떤 글감을 접목하

면 좋을지 살펴보면 교과 학습과 연계하여 체계적인 글쓰기 지도 계획을 수립할 수 있습니다. 저는 주로 사회, 과학, 도덕 교과 내용과 연계하여 한 단원이 끝나면 학습 내용 중에서 글감을 뽑아 글쓰기 활동을 진행합니다. 교육과정 교과별 학습 요소 중 글감으로 활용하기 적합한 소재를 모아 정리해 보았습니다.

학년군	영역							
	학교	봄	가족	여름	마을	가을	나라	겨울
1~2 학년군	학교 교실 친구 나의 몸 나의 재능 나의 흥미	날씨 동식물 봄나들이	가족 친척 가족 행사 가족 형태	날씨 동식물 여름철 놀이 여름방학	이웃 공공장소 동네 모습 직업	날씨 가을 놀이 추석 낙엽 열매	우리나라 상징 남북한 통일 다른 나라 문화	날씨 동식물 겨울 신체 활동

학년군	교과						
	사회	과학	도덕	실과	음악	미술	체육
3~4 학년군	민주주의 지역사회 공공기관 주민 참여 지역문제 가족 편견, 차별 타문화 존중 고장, 지도 중심지 촌락과 도시 교통수단 세시풍속	무게, 자석 소리 빛과 그림자 거울 물체와 물질 혼합물 고체, 액체, 기체 동물과 식물 환경 화산과 지진 흙과 암석 지층과 화석 바다, 대기 지구와 달	근면, 정직 시간 관리 절약, 인내 효, 우애, 우정 예절, 협동 공익, 준법 공정성, 존중 통일 의지 애국심 생명 존중 자연애 아름다움에 대한 사랑	–	음악의 구성 자세 연주법 음악 요소 상황이나 이야기를 표현한 음악 음악과 행사 음악과 놀이 생활 속의 국악	감각 대상의 탐색 미술과 생활 상상과 관찰 표현 계획 조형 요소 재료와 용구 미술가 작품에 대한 느낌과 생각 감상 태도	속도 도전 동작 도전 경쟁 활동의 기초 기능 영역형 경쟁 움직임 표현 리듬 표현 안전

5~6 학년군	민주주의 국가기관 시민참여 정치제도 국제기구 남북통일 인권, 헌법 기본권 의무, 법 가계, 기업 경쟁, 경제 평등사회 지속가능한 미래 기후와 지형 인접 국가 인구 산업과 교통 세계 문화 지역 갈등 지구촌 환경 문제 한국사	속력, 전기 온도 빛의 굴절 용해와 용액 공기 부피 변화 연소 균류와 세균 세포, 인체 식물의 구조 광합성 생태계 대기 태양과 별	감정 표현 충동 조절 자주, 자율 정직한 삶 사이버 예절 준법 공감, 존중 봉사 인권 존중 공정 통일 의지 존중, 인류애 긍정적 태도 윤리적 성찰	아동기 발달 나와 가족 식생활 의생활 시간과 용돈 관리 정리정돈 재활용 가정일 식물 가꾸기 동물 기르기 수송 기술 소프트웨어 프로그래밍 직업 발명, 로봇 친환경 미래 농업	음악의 구성 자세 연주법 음악 요소 다양한 문화권의 음악 음악과 행사 음악과 건강 국악과 문화유산	이미지와 의미 소재와 주제 발상 방법 조형 원리 표현 방법 제작 발표 작품과 배경 작품의 내용과 형식 감상 방법	거리 도전 표적 · 투기 도전 필드형 경쟁 네트형 경쟁 민속 표현 주제 표현 안전

이렇듯 교과별 학습 요소를 바탕으로 여러 가지 글감을 뽑아낼 수도 있고, 글의 방향을 정하기에 따라 학습한 내용을 정리하는 글쓰기를 할 수도 있습니다. 교과 학습 내용과 관련된 글감으로 상상하는 글쓰기, 비판하는 글쓰기 등 다양하게 변형하여 진행할 수 있습니다.

- **[사회-역사]** 구석기인의 하루 일과 상상해서 써 보기
- **[사회-공공기관]** 우리 동네에 생겼으면 하는 공공기관과 그 이유는?
- **[음악-오케스트라]** 내가 오케스트라의 단원이라면?
- **[과학-그림자]** 이 세상에 모든 그림자가 사라진다면!?
- **[과학-별자리]** 내가 만든 별자리 설화
- **[실과-로봇]** 이 로봇이 있으면 내 생활이 너무 편해질 텐데~

┃상상력에 날개를 달고

어렸을 적 명절에 시골 할머니 댁에 가면 평상에 앉아 하염없이 하늘의 구름을 올려다보며 닮은꼴을 찾곤 했습니다. 놀거리가 마땅치 않은 시골에서 동생과 그렇게 시간을 보내다 보면, 하늘은 만물상이 되었다가 쥐라기 공원이 되었다가 궁전이 되곤 합니다. 멍하니 구름만 보면서 '아무 말 대잔치'를 하며 까르르 넘어가도록 웃기도 했습니다.

이런 상상력은 어른들이 따라갈 수 없는 아이들만의 특별한 능력인 것 같습니다. 상상해서 글쓰기는 학생들에게는 가장 고민이 되는 글인 동시에 쓰고 싶은 말이 많아 손이 근질근질한 글쓰기인데, 저는 개인적으로 가장 좋아하는 글감입니다. 학생들 생각이 어찌나 기발하고 재미있는지 좋아하는 작가의 신간 소설을 기다릴 때처럼 글쓰기 공책을 걷는 월요일 아침이 기다려집니다. 이때만큼은 쓸 말이 없어서 못 쓰겠다고 머리를 싸매는 학생들도 부담 없이 술술 써 내려갑니다. 과학 공상 판타지부터 허를 찌르는 반전이 있는 미스터리 추리물까지. 재치 넘치는 학생들의 생각을 들여다볼 수 있는 좋은 기회입니다. 학생들의

무궁무진한 상상력을 자극할 수 있었던 재미있는 글감들의 예시입니다. 학생들과 영화를 보거나 온책 읽기를 한 후 후속 활동으로 다루기도 합니다.

- **[영화 〈UP〉]** 우리 집이 둥둥 날아간다면?
- 나에게 1일 교장실 이용권이 생겼다!
- 내가 투명인간이 된다면?
- AI와 대결한다면 이것만큼은 내가 무조건 이길 수 있다!
- 하루가 48시간이라면?
- 운동장은 하루 종일 무슨 생각을 할까? (운동장이 되었다고 생각하고 글을 써 보세요!)

| 쓰고 싶은 대로 쓰기

고학년 교실에서 쉬는 시간 중 가장 많이 들을 수 있는 대화 주제는 무엇일까요? 바로 '연예인'과 '게임'이 아닐까 싶습니다. 종소리도 못 듣고 친구들과 이야기꽃을 피우느라 여념이 없는 학생들이 수두룩하니 폭풍 잔소리로 학생들을 자리로 돌려보내는 게 일상입니다.

어느 날, 이야기는 다음 쉬는 시간에 이어서 하고 지금은 자리로 돌아가자는 잔소리를 가만히 듣던 한 학생이 "선생님, 그럼 우리 이번에는 최애로 글쓰기하면 안 돼요? 아마 우리 반 애들 모두 할 얘기가 많아서 엄청 많이 쓸 수 있을 것 같아요." 라고 말했습니다. 그래서 그 주 글쓰기 소재를 '나의 최애돌(가장 좋아하는 아이돌 가수)/최애캐(가장 좋아하는 캐릭터) 자랑 대회'로 정했습니다. 글쓰기 과제를 걸어 보고는 깜짝 놀랐습니다. 두 장이고 세 장이고 일필휘지로 써내려 가는 학생들의 어마어마한 능력을 발견할 수 있었거든요. 가장 긴 글을 쓴 학생은 거의 공책 4페이지를 채워 왔습니다. 아이돌 그룹 멤버 당 1페이지씩이요. 그것도, 손이 아파서 다 못 쓴 거라고 했습니다.

역시 애정이 닿는 곳에 글감이 있고, 쓰고 싶은 것을 쓸 때 가장 신나게 쓴다는 것을 다시 한 번 느꼈던 시간이었습니다. 그 이후로는 글감에 대한 반응이 영 시원찮았거나 혹은 아이디어가 고갈되면 "얘들아, 이번 주에는 뭘 써 볼까?" 하며 학생들과 함께 글감을 선정하기도 합니다. 다른 친구들의 생각을 들어 보고 싶은 주제가 있다면 언제든 제안할 수 있는 기회를 열어 놓습니다. 학생들이 쓰고 싶은 글을 쓸 때에는 그다음 주에 되도록 친구들과 글을 공유할 수 있는 시간을 주는 편입니다. 어느 때보다도 더 말하고 싶어 하고 더 듣고 싶어 하는 소중한 순간이기 때문입니다.

글쓰기 과제로 쓸 글감을 안내할 때 학생들에게 항상 당부하는 것이 있습니다. '만약 쓰고 싶은 다른 주제가 있으면 쓰고 싶은 글을 먼저 쓰라'입니다. 글쓰기의 궁극적인 목표는 쓰고 싶은 글을 자유롭게 쓰는 것이니까요.

학생들은 아직 생각이 말랑말랑하고 유연해서 자극에 따라 생각을 무한히 확장할 수 있는 가능성을 지니고 있습니다. '글쓰기'라는 수단으로 학생들이 다양한 분야를 간접적으로 경험하면서 더 넓고 깊게 세상을 바라보며 스스로를 가두는 틀을 깨는 글을 쓰기를 바랍니다.

2장
한걸음씩 단계별로
글쓰기 완성하기

글쓰기 활동을 단계별로 살펴볼 차례입니다. 다섯 단계를 차근 차근 올라가다 보면 머지않아 글 한 편을 뚝딱 완성하는 학생들을 마주하실 수 있을 겁니다.

글쓰기 단계
한눈에 보기

　　학생의 '목소리가 들리는 글'을 쓰게 하자는 확실한 목표가 생기니 그다음으로 '무엇'을 '어떻게' 알려 주어야 할지 고민이 되었습니다. 이미 매주 글감을 주고, 학생들은 한 편씩 글을 써내고 있었지만 학생들이 조금 더 정돈된 글을 쓰면 좋겠다는 욕심이 생기기 시작했습니다. 그러나 체계적인 방법 없이 그때그때 맞닥뜨려서 하는 식의 글쓰기 지도로는 학생들의 글 실력이 늘 리 만무했습니다. 그러다 보니 글쓰기를 제대로 해 보려면 계획부터 체계적으로 세워야겠다는 생각이 들었습니다.

　　글은 보통 '내용 생각하기 → 개요 짜기 → 글쓰기 → 글 다듬기' 과정으로 완성됩니다. 비슷하게 국어과 교육과정에서는 글쓰기 과정을

'계획하기 → 내용 생성하기 → 내용 조직하기 → 표현하기 → 고쳐 쓰기' 단계로 과정 중심 글쓰기를 안내하고 있습니다. 하지만 학생들에게는 이 과정 중심의 글쓰기가 크게 와닿는 것 같지 않습니다. 대부분 쓰기 단원에서나 겨우 과정에 따라 글을 쓰지, 평소에는 순간순간 떠오르는 생각들을 바로 써 내려가는 식으로 글을 씁니다. 쓰기 단원에서는 '생각 정리, 개요 짜기, 글쓰기' 활동을 각 절차별로 구성하고 있지만 정작 학생들은 각각을 별개의 활동으로 받아들여, 글쓰기 흐름이 유기적으로 이루어져야 한다는 것을 거의 인식하지 못합니다. 또 국어 교과서는 한 학기에 열 단원 정도로 구성되어 있는데 쓰기 영역은 두 단원 정도뿐이다 보니, 과정 중심 글쓰기가 익숙해질 시간과 기회가 부족한 편입니다.

이렇듯 기존의 국어 시간만으로는 글쓰기의 과정을 반복하여 익히고 그 과정대로 글 한 편 제대로 써 보기에 충분하지 않습니다. 학생들이 절차에 따라 글을 쓰려면 우선 글쓰기 과정을 반복적으로 연습할 시간이 필요합니다.

따라서 1년 동안 진행할 학급 글쓰기 지도 계획을 세울 때, 국어과 교육과정에서 안내하는 글쓰기 과정을 바탕으로 하되 아쉬운 점을 보완하는 방향으로 재구성하였습니다.

각 단계를 집중적으로 연습하고, 모든 단계를 익히면 최종적으로 글쓰기 과정에 따라 글 한 편을 써 보도록 했습니다. 재구성한 글쓰기 지도 계획은 다음과 같습니다.

1단계		2~3단계		4단계		5단계
쓸 내용 떠올리기 (생각그물)	→	떠올린 내용을 조직하고 토막글로 나타내기	→	글쓰기	→	고쳐쓰기

단계 구분이 용이하도록 숫자를 붙였으며 학생들이 특히 어려워하는 부분은 단계를 세분화하였습니다. 각 단계에서 실시하는 주요 활동을 구체적으로 살펴보면 다음과 같습니다.

글쓰기 과정	단계	내용	분량	방법
쓸 내용 떠올리기	1단계	−생각 펼치기 −생각그물로 정리하기	서너 문장	1~2학년 학생들에게는 긴 글쓰기가 적합하지 않기 때문에 쓸 내용을 떠올리고 서너 문장 정도로 된 짧은 글을 써 보는 것만으로도 효과적입니다.
글의 기본 형식 익히기	2단계	문단과 중심문장 알기	−두세 문단 −한 문단당 세 문장	문단과 문장은 3학년 때 학습하므로 3학년 이상의 학생들에게 권장합니다.
	3단계	생각그물을 바탕으로 글의 형식에 맞게 글쓰기	−서너 문단 −한 문단당 세 문장 이상	중심문장과 뒷받침문장으로 이뤄진 서너 문단의 글을 쓰기 시작합니다.
개요 짜기 · 글쓰기	4단계	글의 '중간' 쓰기		3~4문단 정도의 글을 쓰게 됩니다. 3~4학년 정도면 4단계까지만으로도 충분합니다.
글쓰기 · 글 다듬기	5단계	−글의 '처음'과 '끝' 쓰기 −제목 붙이기	−다섯 문단 −한 문단당 네 문장 이상	5단계에 이르면 글 한 편을 완성할 수 있습니다.
5단계 이후		글쓰기 반복 연습	−다섯 문단 이상 −한 문단당 네 문장 이상 ↓ 공책 12줄 ...	다양한 주제를 접하면서 차츰 분량을 늘려 가며 꾸준히 글쓰기를 연습합니다.

학생들의 학년, 수준, 성향에 따라 향상 정도나 도달하는 속도는 차이가 큽니다. 비교적 글쓰기에 익숙한 6학년 학생들은 5단계까지 금세 도달하는 편입니다. 구조적인 글쓰기가 처음인 3학년 학생들은 3~4단계 수준을 오가는 학생들이 대부분이고 2단계를 겨우 이해하고 1년을 마치는 학생들도 종종 있습니다. 또, 본격적으로 글을 쓰는 3단계 전까지 3학년 기준 한 달~한 달 반 정도, 6학년은 2주~한 달 정도 소요됩니다.

각 단계에서 정한 목표 외에는 지도하지 않습니다. 예를 들어, 글의 기본적인 형식을 익히는 단계에서는 내용이 빈약하든 분량이 적든 아예 언급하지 않습니다. 오로지 중심문장과 뒷받침문장으로 이루어진 문단으로 글을 완성했으면 목표 달성입니다.

이렇게 학급 학생들의 70% 정도가 단계에 도달하면 다음 단계로 넘어가되 전 단계를 익히지 못한 학생들은 이전 단계 연습을 충분히 한 후 다음으로 넘어갑니다. 그러면 처음-중간-끝으로 이루어진 다섯 문단 글쓰기를 하는 학생들과 중심문장, 뒷받침문장 쓰기만 연습하는 학생들이 한 학급에 공존하기도 합니다. 그렇다 하더라도 늦은 학생들을 재촉하지는 않습니다. 학생들의 속도 차이를 인정하고 완벽하게 하려는 욕심을 내려놓고는 상황에 맞추어 적용합니다. 오늘 못하면 내일, 이번 달에 못하면 다음 달에 할 수 있으니까요.

그럼 글쓰기 각 단계별로 내용 요소, 활동 방법, 지도 시 유의점 등에 대해 자세히 살펴보겠습니다.

1단계
생각그물로 생각 펼치기

글을 쓰려면 가장 먼저 어떤 내용을 담을지 생각해야 합니다. 학생들의 생각이 많이 담길수록 글은 풍성해지고 생동감이 넘칩니다. 그런데 대부분의 학생들은 쓸 내용을 충분히 고민하기도 전에 연필부터 집어듭니다. 글을 쓰기 전에 충분히 생각하는 것에 익숙하지 않기 때문입니다. 그래서 1단계에서는 글을 쓰기 전 생각하는 연습부터 시작합니다. 그렇다고 무작정 "생각해 보자!"라고 하면 너무 막막하겠죠? 이때 생각을 펼치고 이를 보기 좋게 정리할 수 있는 방법이 바로 '생각그물(마인드맵)'입니다.

생각그물의 첫 번째 장점은 '순서'가 없다는 것입니다. 일반적으로 개요는 위계적으로 작성하기 때문에 개요의 중간을 수정하기가 번거롭습니다. 하지만 생각그물로 개요를 만들면 위계나 순서에 얽매이지 않기 때문에 빠뜨리지 않고 한 번에 잘 써야겠다는 압박감이 줄어들어 결과적으로 글을 편안하게 완성할 수 있습니다.

두 번째 장점은 생각그물로 생각을 무한하게 확장할 수 있다는 점입니다. 생각그물은 분량 제한이 없기 때문에 가지를 계속 그려 나가면서 생각이 한없이 뻗어 나갈 수 있습니다. 학생들의 생각을 조금 더 이끌어 내고 싶다면 교사는 '왜?', '어떻게?'라는 확산적 질문으로 생각그물에 물음표를 달아 추가적으로 질문할 수 있습니다. 학생들이 생각그물에 익숙해지면 자신이 그린 생각그물을 보면서 스스로 빠진 내용을 보충하고 첨삭하며 글의 개요를 탄탄하게 다듬기도 합니다.

마지막으로 생각그물은 쓸 내용을 일관성 있게 정리할 수 있다는 장점이 있습니다. 학생들의 글을 보다 보면 같은 말이 계속 반복되는 경우가 있습니다. 이때 생각그물을 그려 쓸 내용을 정리한 후에 글을 쓰면 비슷한 내용이 반복되는 것을 방지할 수 있습니다. 또, 생각그물로 아이디어를 펼치다 보면 하나로 묶어도 좋을 내용들이 한눈에 들어오기도 합니다. 글을 쓰기 전 생각그물로 아이디어를 정리하면 내용을 조직하기 좋습니다. 정리가 되지 않은 글은 독자에게 설득하고, 설명하고, 제안하는 힘이 약합니다. 생각그물은 쓸 내용을 정리하고 다듬어 글을 매끄럽게 쓸 수 있도록 도와줍니다.

1단계는 글쓰기의 첫 순서인 '개요 작성하기'에 해당합니다. 생각그물은 아마 많은 선생님들께서 다양한 교육활동에 활용하고 계실 겁니다. 국어 교과 쓰기 단원에서도 개요 쓰기 과정에서 생각그물로 쓸 내용을 정리하는 활동을 안내하고 있습니다.

1단계 활동은 최소 2~3주 정도 진행하며 생각을 생각그물로 나타내는 연습을 집중적으로 합니다. 생각그물 그리기는 단계가 올라가더라도 글쓰기 전에 항상 하도록 합니다. 글쓰기 전 생각그물을 그리며 생각해야 하는 시간을 일부러 마련해 둠으로써 학생들이 생각을 정리하지 않은 상태에서 글 쓰는 것을 방지합니다.

알맹이 없는 내용으로는 아무리 꾸준히 써도 글 실력이 늘지 않고 풍성한 글이 나오기 어렵습니다. 그렇기 때문에 생각그물로 뼈대를 튼튼하게 세우고 글을 써 나가는 연습이 중요한데 생각그물은 가장 기초적인 활동이면서도 글쓰기 과정 내내 중점을 두는 부분입니다. 또, 생각그물이 엉성하면 속이 꽉 찬 글이 나오지 않기 때문에, 이 단계에서 교사가 가장 중점을 두고 지도해야 하는 부분은 아이디어를 생성하고 이를 잘 구조화는 것입니다. 비슷한 생각끼리 하나의 가지로 묶였는지, 일관성이 있는지, 더 구체화할 수 있는 아이디어들이 있는지 확인해야 합니다.

해마다 가장 처음으로 하는 글쓰기 활동은 학급 학생들과 다 함께 생각그물을 만들어 보는 활동입니다. 생각그물을 어떻게 짜야 하는지 다 함께 연습해 보기 위해서죠.

- 활동 목표 : 생각그물을 짜는 방법을 익힙니다.
- 활동 방법 : 학급 전체 학생들의 아이디어를 모아 하나의 생각그물을 완성합니다.
- 활동 해설 : 주제에 대한 학생들의 아이디어를 포스트잇에 써서 모읍니다. 학생들의 생각이 담긴 포스트잇은 칠판에 자유롭게 부착합니다. 포스트잇이 다 모이면 교사는 비슷한 내용의 포스트잇을 한데 모아 하나의 가지로 묶으며 생각그물을 만들어 가는 과정을 시범으로 보여 줍니다.

  첫 번째 시간인 만큼 '좋은 글'과 '나쁜 글'에 대해 학생들과 생각을 나누다 보면 자연스럽게 앞으로 어떻게 글을 써 나가야 할지 방향을 설정할 수 있습니다.

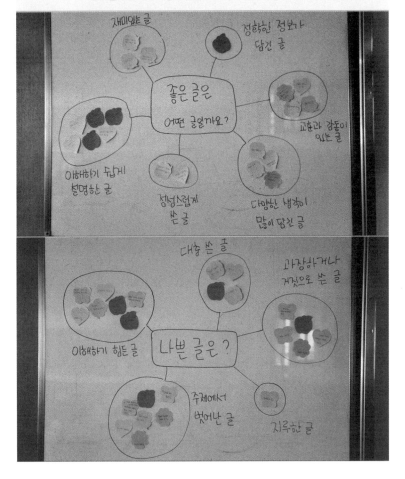

생각그물 짜기 활동 후 첫 번째 과제는 '생각그물 그리기'입니다. 아직은 글을 쓰지 않고 생각그물로 아이디어를 정리하는 데 집중합니다. 가지 개수를 따로 설정해 주지 않고 그릴 수 있는 만큼 최대한 많이 그려 보도록 합니다. 교사는 학생들의 생각그물을 살피며 더 자세하게 설명할 수 있는 가지가 있는지, 맥락과 어울리지 않는 가지를 그렸는지, 가지 위치를 바꾸어야 하는지 등을 확인하고 첨삭합니다. 이 활동은 본격적인 글을 쓰기 전 두세 번 정도 진행합니다.

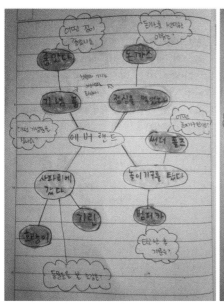
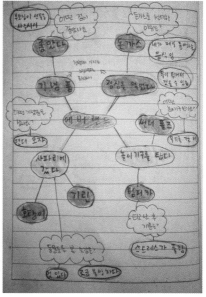

위와 같이 학생이 작성한 생각그물 중 내용을 더 풍부하게 이끌어 낼 수 있는 부분에 교사가 질문을 추가(구름 모양 부분)해 주면 학생은 내용을 좀 더 확장시켜 나갈 수 있습니다.

생각그물 다듬기

- **활동 목표** : 생각그물을 다듬는 방법을 익힙니다.
- **활동 방법** : 예시 생각그물에서 어울리지 않는 내용을 찾아 표시하고 생각그물을 다시 그려 봅니다.
- **활동 해설** : 어울리지 않는 생각그물 가지를 찾아보면서 비슷한 내용끼리 가지를 묶는 방법을 익히는 활동입니다. 자신의 생각과 느낌을 추가하여 생각그물을 확장시킬 수 있습니다.

생각그물 다듬기

1단계   월   일   초등학교   학년   반   이름 :

어울리지 않는 생각그물 가지를 찾아 표시하고, 비슷한 내용을 묶어 생각그물을 다시 그려봅시다.

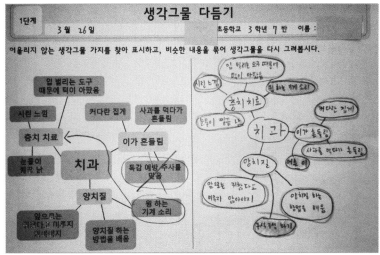

생각그물을 다듬고 정리하는 것이 어느 정도 익숙해지면 이제 이 생각그물을 문장 형태로 바꾸는 연습을 합니다. 공책의 왼쪽에는 생각 그물을 그리고 오른쪽에는 생각그물의 단어들을 이용해서 문장으로 써 봅니다.

1~2학년 학생들은 생각그물을 그리고 그 내용을 문장으로 바꾸어 서너 문장 정도로 이루어진 짧막한 글을 써 보는 것만으로도 충분합니다. 쓸거리를 '의식'하고 관찰하거나 떠올린 생각을 언어로 표현해 보는 경험만으로도 의미가 있기 때문입니다.

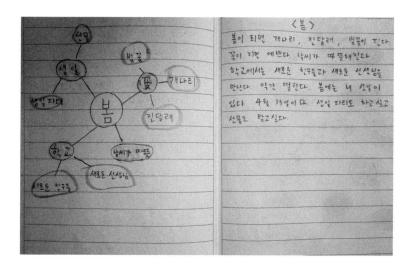

글의 형식을 익히고 틀에 맞추어 쓰는 것은 단기간에 익힐 수 있지만 쓸거리를 보다 다양하고 풍성하게 생각해 내기까지는 꾸준한 연습이 필요합니다. 그래서 생각그물로 생각을 정리하는 연습만 잘해 둔다면 보다 쉽게 글을 쓸 수 있습니다.

생각그물을 그릴 때에는 가지 개수를 제한하거나 문장으로 서술해야 하는지 단어로 서술해야 하는지 등의 형식에 구애받지 않고 자유롭게 쓰도록 합니다. 생각그물에 생각을 정리하는 활동이 익숙해지면 다음 단계로 넘어갑니다.

2단계
글의 형식 익히기

2단계는 글의 형식을 익히는 단계입니다. 문단과 중심문장, 뒷받침문장은 현재 3학년 1학기 국어에서 다루고 있기 때문에 문단을 구분하고 중심문장과 뒷받침문장이 드러나게 글을 쓰는 활동은 3학년 이상의 학생들에게 적합합니다. 글의 형식을 익히고 구조를 갖추어 글을 쓸 때에는 지켜야 할 규칙이나 고려할 점들이 많아 문단, 중심문장, 뒷받침문장 등을 처음 접하는 3학년 학생들은 이를 굉장히 어려워합니다. 학생들에게는 '같은 내용'이 담긴 문장을 한 덩어리로 묶는다는 것이 너무나 추상적이고 생소한 개념이기 때문입니다. 글에서 문단이나 중심문장, 뒷받침문장을 찾아내기 위해서는 글을 구조적으로 파악하고 조직해 나가는 사고력이 요구되기 때문에 이 개념이 제대로 잡히지 않은 학생들은 학년이 올라가도 헷갈려 합니다.

형식을 익히는 데 꽤 긴 시간이 걸리다 보니 글의 형식 지도에만 이렇게 매달려도 되는 건가 싶어 갈등이 생기기도 합니다. 글을 구성하는 기본 요소인 문단과 문장을 잘 갖추어 형식에 딱 맞는 글을 쓰기보다 학생들이 쓰는 글이 그저 생각과 느낌을 솔직하게 담고 있다면 그 자체만으로 좋은 글이 아닐까, 형식에 치중하다 정작 중요한 것들을 놓쳐 버리게 되는 것은 아닐까 하는 생각이 들면서 글의 내용과 형식 사이 어디쯤에서 균형을 맞추어야 할지 고민이 될 때도 있습니다. 결국 제가 내린 결론은 '글의 형식 지도도 매우 중요하다'였습니다. '형식을 갖추지 않은 글로 자신의 생각을 온전히 표현할 수 있을까?'라는 질문을 던져 보았을 때, 답은 '아니다'였기 때문입니다. 아무리 좋은 생각들로 꽉 차 있는 글일지라도 구조를 제대로 갖추지 못한다면, 글이 두서없어 보일 수도 있고, 논리적인 허점이 생기거나, 유사한 서술이 중복되며 전달력이 떨어질 수밖에 없습니다. 특히 독자에게 설명하거나 설득해야 하는 글일 경우에는 가독성이 떨어지며 독자들에게 글이 매력적으로 다가가기 어려울 것입니다.

글의 형식을 익힐 때 학생들은 어떻게 문단을 구성해야 할지 몰라 어렵게 느낍니다. 문단을 의식하며 글을 읽거나 문단을 제대로 구분하여 글을 써 본 경험이 별로 없기 때문입니다. 일기를 매주 꾸준히 쓰고 있다 하더라도 학생들이 쓰는 일기 대부분은 짜임새 있는 글이라기보다는 의식의 흐름 혹은 시간의 흐름에 따른 문장 나열에 가깝습니다.

문단을 구성하는 중심문장과 뒷받침문장의 의미와 관계를 잘 이해하지 못하고 이에 따라 다양한 오개념이 파생됩니다. '중심문장은 문단을 대표하는 문장이고, 뒷받침문장은 이를 보조하는 문장이다'라는 정도로 의미는 알고 있으면서도 정작 글에서 찾아내지 못하거나 글을 쓸 때 이것이 드러나지 않는 경우가 대부분입니다. 문단과 문장의 정확한 의미와 학생들이 헷갈려 하는 부분을 살펴보겠습니다.

	사전적 정의 (표준국어대사전)	학생들의 오개념
문단	긴 글을 내용에 따라 나눌 때, 하나하나의 짧은 이야기 토막	-내용이 '비슷'하니까 '다른' 내용은 아니다. (문단 구분의 필요성을 느끼지 못함) -전체 글의 흐름에서 내용이 달라짐을 인식하지 못한다. -문단은 줄이 바뀌는 부분이다. -문단은 한 칸 들어가 있는 부분이다.
중심 문장	한 편의 글이나 한 문단에서 중심 생각이 담겨 있는 문장	-중심문장은 문단의 첫 번째 문장이다. -중심문장은 새롭거나 가장 중요한 정보가 담긴 문장이다. -중심문장이 문단을 '대표'한다는 의미를 이해하지 못한다. -중심문장과 뒷받침문장의 포함관계를 인지하지 못한다.

이 단계에서는 문단, 중심문장, 뒷받침문장 개념을 완벽하게 이해할 수 있도록 반복해서 지도합니다. 형식을 이해하지 못한 채 의식의 흐름대로 써 내려가는 글은 연습 없이도 얼마든지 쓸 수 있습니다. 하지만 형식을 갖추어 글을 쓰려면 항상 의식적으로 문단, 문장을 고려하며 글을 구성하는 연습이 필요합니다. 형식이 잡혀 있지 않은 글이라고 해서 무조건 좋은 글이 아니라고 할 수는 없지만, 글쓰기를 처음 배워 나가는 과정에 있는 학생들에게는 중심문장과 뒷받침문장으로 이루어진 기본적인 글의 형태를 학습하는 것이 필요합니다. 문단, 문장을 학습하는 이 단계에서도 마찬가지로 글을 쓰지 않고 활동지를 활용하여 형식을 익힙니다.

- 활동 목표 : 문단의 구성 원리를 이해합니다.
- 활동 방법 : 글의 흐름에 맞게 예시 문장을 배열하여 글로 완성합니다.
- 활동 해설 : 이 과정에서는 같은 생각이 담겨 있는 문장들이 덩어리를 이루어 문단이 된다는 것을 익힙니다. 오른쪽 줄 부분은 세 문단이라는 것을 나타내기 위해서 세 가지 색깔로 줄을 구분해 놓습니다. 문제를 해결하는 과정에서 문장이 모여 문단이 이루어짐을 인식하여 문장과 문단의 이해를 돕습니다. 문단과 중심문장을 학습할 때에는 중심문장이 반드시 첫 문장이 아님을 지도해야 합니다. 교과서 수록 글 대부분은 첫 번째 문장이 중심문장이기 때문에 글의 곧 첫 문장이 곧 중심문장이라는 오개념이 생길 수 있습니다.

2단계

문장 모아 문단 만들기

월   일   초등학교   학년   반 이름 :

〈보기〉의 문장을 배열하여 글을 완성해 봅시다.

〈보기〉

- 나는 달콤한 핫초코를 만들었는데 내가 직접 만들어서 그런지 더 맛있었다.
- 처음으로 간 곳은 '의사' 체험장이었다.
- 그다음으로는 '아나운서' 체험을 했다.
- 바리스타란 커피나 음료를 만드는 직업이다.
- 내 모습을 촬영해야 해서 조금 떨리기도 했지만 원고를 틀리지 않고 읽어서 뿌듯했다.
- 몇 달 전 다리가 부러졌을 때 병원에서 치료를 받았던 기억이 떠올랐다.
- 이곳에서는 엑스레이 사진을 보면서 다친 사람들의 상태를 살펴보고 붕대를 감아보는 활동을 했다.
- 뉴스 원고를 써보고 직접 촬영도 해보았다.
- 마지막으로 '바리스타' 체험장에 갔다.
- 의사 선생님께서 해주셨던 치료를 내가 직접 해보니 신기했다.
- 여기에서는 여러 가지 음료를 만드는 방법을 배운 다음 음료를 직접 만들어보았다.

〈재미있는 직업의 세계〉

오늘 가족들과 직업체험관에 다녀왔다. 직업체험관에는 경찰관, 간호사 등 다양한 직업을 체험할 수 있는 공간이 있다. 그중에서도 나는 총 세 가지 활동을 했다.

테두리를 자른 후 공책에 붙이세요.

2단계

문장 모아 문단 만들기

5 월 10 일   초등학교 3 학년 7 반   이름

〈보기〉의 문장을 배열하여 글을 완성해 봅시다.

〈보기〉

- 나는 달콤한 핫초코를 만들었는데 내가 직접 만들어서 그런지 더 맛있었다.
- 처음으로 간 곳은 '의사' 체험장이었다.
- 그다음으로는 '아나운서' 체험을 했다.
- 바리스타란 커피나 음료를 만드는 직업이다.
- 내 모습을 촬영해야 해서 조금 떨리기도 했지만 원고를 틀리지 않고 읽어서 뿌듯했다.
- 몇 달 전 다리가 부러졌을 때 병원에서 치료를 받았던 기억이 떠올랐다.
- 이곳에서는 엑스레이 사진을 보면서 다친 사람들의 상태를 살펴보고 붕대를 감아보는 활동을 했다.
- 뉴스 원고를 써보고 직접 촬영도 해보았다.
- 마지막으로 '바리스타' 체험장에 갔다.
- 의사 선생님께서 해주셨던 치료를 내가 직접 해보니 신기했다.
- 여기에서는 여러 가지 음료를 만드는 방법을 배운 다음 음료를 직접 만들어보았다.

〈재미있는 직업의 세계〉

오늘 가족들과 직업체험관에 다녀왔다. 직업체험관에는 경찰관, 간호사 등 다양한 직업을 체험할 수 있는 공간이 있다. 그중에서도 나는 총 세 가지 활동을 했다.

처음으로 간 곳은 '의사' 체험장이었다. 몇 달 전 다리가 부러졌을 때 병원에서 치료를 받았던 기억이 떠올랐다. 엑스레이 사진보고 붕대 감는 의사선생님이 치료셨던 일을 내가 해보니 신기했다.

그 다음으로는 '아나운서' 체험을 했다. 뉴스 원고를 써보고 직접 촬영도 해봤다. 내 모습을 촬영해야 해서 조금 떨리기도 했지만 원고를 틀리지 않고 읽어서 뿌듯했다.

마지막으로 '바리스타' 체험장에 갔다. 바리스타란 커피나 음료를 만드는 직업이다. 여러가지 음료를 만드는 방법을 배운 다음 음료 직접 만들어보았다. 나는 달콤한 핫초코를 만들었는데 내가 직접 만들어서 그런지 더 맛있었다.

- **활동 목표** : 문단의 의미와 기능을 익힙니다.
- **활동 방법** : 문단이 나누어지지 않은 글을 읽고 문단을 구분합니다.
- **활동 해설** : 문단 구분을 어려워하는 학생들은 글의 내용이 '비슷'하니까 '다른' 문단이 아니라고 생각하여 글의 내용이 달라지는 문단의 경계를 쉽게 찾지 못합니다. 문단이 나누어지지 않은 글을 읽으며 문단 구분의 필요성을 느끼고 글의 흐름이 달라지는 부분을 찾아보며 문단을 구분합니다. 예시 글은 시간의 흐름, 순서, 내용의 전환으로 문단이 구분되고 있음을 보여 줍니다. 이 외에도 장소 이동, 심정 변화 등에 따라 문단이 구분될 수 있습니다.

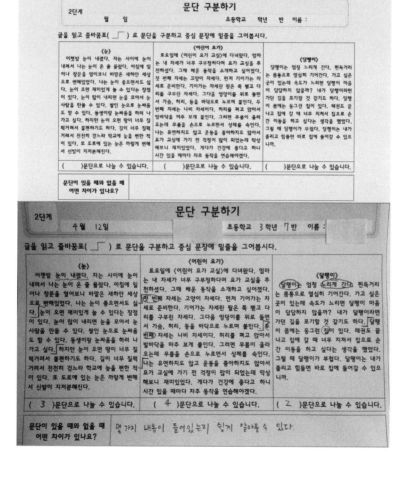

- 활동 목표 : 문단의 의미와 기능을 익힙니다.
- 활동 방법 : 글의 흐름에 어울리지 않는 문장을 찾습니다.
- 활동 해설 : 문단 내에서 내용이 다른 문장을 찾아보며 문단은 내용이 유사한 문장끼리 결합된 것임을 알아봅니다.

어울리지 않는 문장 찾기

2단계   월   일   초등학교   학년   반   이름 :

글의 흐름과 어울리지 않는 문장에 밑줄을 그어봅시다.

〈하루 종일 물놀이〉	〈수학 시험 하루 전날〉	〈내가 만든 샌드위치〉
우리 가족은 여름에 자주 바다에 놀러 간다. 차를 타고 10분 정도만 가면 큰 해수욕장이 있기 때문이다. 집에서 바다가 가까워서 정말 행복하다. 해수욕장에 도착하면 언니와 나는 먼저 구멍 조끼를 입는다. 그다음 튜브를 가지고 바다로 달려간다. 튜브를 타고 바다에 둥둥 떠 있는 느낌이 좋다. 공원에서 자전거를 탈 때면 바람이 씽씽 불어 상쾌한 느낌이 든다. 튜브를 타다가 지치면 모래사장으로 나온다. 모래사장에서 언니와 함께 성도 만들고 터널도 만든다. 가끔씩 누가 더 모래를 깊게 파는지 내기를 하기도 한다. 해수욕장에서는 하루 종일 놀아도 시간이 부족할 정도로 재미있다.	내가 수학 시험을 보기 하루 전날이면 우리 집은 비상이다. 문제집을 평소보다 더 많이 풀어야 하고, 틀린 문제가 있으면 맞을 때까지 다시 풀어야 하기 때문이다. 솔직히 나는 수학 공부가 너무 어렵다. 그리고 수학 공부를 왜 해야 하는지도 잘 모르겠다. 오늘 방과 후 수업 영어 교실에서 큰 목소리로 자신감 있게 발표했다고 칭찬을 받았다. 구구단이 헷갈릴 때도 있는데 그래서 곱셈 문제를 푸는 건 너무 힘들다.	오늘 점심은 가족들을 위해 내가 준비하기로 했다. 오늘의 메뉴는 샌드위치였다. 우리 가족은 5명이니까 총 5개를 만들어야 한다. 샌드위치를 만들기 위해서는 먼저 샌드위치에 들어갈 재료를 준비해야 한다. 샌드위치에는 계란, 햄, 치즈, 양상추, 케첩이 들어간다. 계란 프라이를 만들었는데 뜨거운 프라이팬이 조금 무서웠지만 잘 만들었다. 그다음 모든 재료를 빵 사이에 넣고 종이로 잘 포장했다. 나는 탕수육을 좋아하는 편이다. 가족들이 내가 만든 샌드위치를 맛있게 먹어주어서 기분이 너무 좋았다. 다음번에는 조금 더 어려운 요리를 해보아야겠다.
밑줄 친 문장이 글과 어울리지 않다고 생각한 이유는 무엇인가요?	밑줄 친 문장이 글과 어울리지 않다고 생각한 이유는 무엇인가요?	밑줄 친 문장이 글과 어울리지 않다고 생각한 이유는 무엇인가요?

어울리지 않는 문장 찾기

2단계   4월   5일   초등학교 3 학년 7 반   이름 :

글의 흐름과 어울리지 않는 문장에 밑줄을 그어봅시다.

〈하루 종일 물놀이〉	〈수학 시험 하루 전날〉	〈내가 만든 샌드위치〉
우리 가족은 여름에 자주 바다에 놀러 간다. 차를 타고 10분 정도만 가면 큰 해수욕장이 있기 때문이다. 집에서 바다가 가까워서 정말 행복하다. 해수욕장에 도착하면 언니와 나는 먼저 구멍 조끼를 입는다. 그다음 튜브를 가지고 바다로 달려간다. 튜브를 타고 바다에 둥둥 떠 있는 느낌이 좋다. 공원에서 자전거를 탈 때면 바람이 씽씽 불어 상쾌한 느낌이 든다. 튜브를 타다가 지치면 모래사장으로 나온다. 모래사장에서 언니와 함께 성도 만들고 터널도 만든다. 가끔씩 누가 더 모래를 깊게 파는지 내기를 하기도 한다. 해수욕장에서는 하루 종일 놀아도 시간이 부족할 정도로 재미있다.	내가 수학 시험을 보기 하루 전날이면 우리 집은 비상이다. 문제집을 평소보다 더 많이 풀어야 하고, 틀린 문제가 있으면 맞을 때까지 다시 풀어야 하기 때문이다. 솔직히 나는 수학 공부가 너무 어렵다. 그리고 수학 공부를 왜 해야 하는지도 잘 모르겠다. 오늘 방과 후 수업 영어 교실에서 큰 목소리로 자신감 있게 발표했다고 칭찬을 받았다. 구구단이 헷갈릴 때도 있는데 그래서 곱셈 문제를 푸는 건 너무 힘들다.	오늘 점심은 가족들을 위해 내가 준비하기로 했다. 오늘의 메뉴는 샌드위치였다. 우리 가족은 5명이니까 총 5개를 만들어야 한다. 샌드위치를 만들기 위해서는 먼저 샌드위치에 들어갈 재료를 준비해야 한다. 샌드위치에는 계란, 햄, 치즈, 양상추, 케첩이 들어간다. 계란 프라이를 만들었는데 뜨거운 프라이팬이 조금 무서웠지만 잘 만들었다. 그다음 모든 재료를 빵 사이에 넣고 종이로 잘 포장했다. 나는 탕수육을 좋아하는 편이다. 가족들이 내가 만든 샌드위치를 맛있게 먹어주어서 기분이 너무 좋았다. 다음번에는 조금 더 어려운 요리를 해보아야겠다.
밑줄 친 문장이 글과 어울리지 않다고 생각한 이유는 무엇인가요? 해수욕장에 대한 이야기인데 갑자기 등산에 대해 말한다	밑줄 친 문장이 글과 어울리지 않다고 생각한 이유는 무엇인가요? 수학 공부에 대한 이야기인데 갑자기 영어 교실에서 칭찬받은 이야기를 썼다	밑줄 친 문장이 글과 어울리지 않다고 생각한 이유는 무엇인가요? 샌드위치에 대한 이야기인데 갑자기 탕수육 이야기를 한다

문단, 문장 개념은 한두 번의 연습만으로는 익히기가 쉽지 않기 때문에 내용만 바꾸어 비슷한 유형의 활동지로 여러 번 반복하여 연습해 봅니다. 형식을 의식하면서 여러 문단으로 이루어진 긴 글을 읽는 데 익숙하지 않은 학생들에게는 더욱 오랜 시간이 필요하지만, 익숙하지 않아서 오래 걸릴 뿐 꾸준히 연습하면 분명히 습득할 수 있는 부분입니다. 글의 구조를 이해한 학생들은 자연스럽게 글의 짜임새를 파악하는 능력이 좋아져 독해력이 향상되기도 합니다.

문단과 문장 개념이 어느 정도 형성되면 이제 다음 단계로 넘어가 본격적인 글쓰기에 돌입합니다.

3단계
생각그물을 글로 바꾸기

　　떠오르는 생각이나 감정을 생각그물로 정리하고, 글의 형식도 익혔다면 이제 생각그물로 정리한 내용을 글로 옮기는 연습을 해 볼 차례입니다. 3단계에서는 1단계에서 연습한 생각그물과 2단계에서 익힌 글의 형식을 결합하여 본격적으로 글을 써 보게 됩니다. 3단계는 글쓰기 과정 중 가장 중점적으로 지도하는 단계입니다. 그만큼 학생들이 어렵다고 느끼는 활동이기도 합니다.

　　글쓰기를 힘들어 하는 학생들은 생각을 '글'이라는 산출물로 표현해 내는 데에서 한계를 느낍니다. 쓸 내용을 떠올리고 생각그물로 잘 정리했지만 글의 형태로 어떻게 '구조화'해야 하는지 생소하기 때문입니다. 아이디어는 풍부하지만 글쓰기 경험이 부족하거나, 글을 읽어 본 경험이 많지 않고 글에 익숙하지 않아 쓰기 과정에 대한 개념이 정립되지 않은 상태입니다.

글쓰기 전체 과정 중 생각그물을 글로 바꾸는 것만 제대로 익혀도 학생들 대부분은 자신의 생각을 담은 글을 수월하게 완성합니다. 쓸 내용을 다 정리했으니, 글로 옮기는 작업이 얼마나 복잡하고 어렵나 싶지만 글의 형식이나 짜임을 고려하지 않은 채로 그저 생각그물의 내용을 나열식으로 써 내려간다면, 완성도 높은 글이라 하기 어렵습니다. 그래서 이 단계에서는 생각그물을 얼마나 짜임새 있는 글로 바꾸어 내는지에 초점을 둡니다.

3단계는 생각그물 활동지에 내용을 작성한 다음, 짧은 글로 옮겨 보는 연습으로 시작합니다. 작성한 생각그물 내용 중 큰 갈래는 문단으로, 각 가지들은 중심문장과 뒷받침문장으로 바뀌며 구조적인 형태로 글이 정리됩니다. 각 가지들이 어떻게 텍스트로 변환되었는지 직관적인 시각적 이해를 돕기 위해 각각 색깔을 구분하여 표시합니다. 이 연습이 점차 익숙해지면 활동지 없이 공책에 생각그물을 그리고 이를 글로 나타내면서 분량을 조금씩 늘려 나갑니다.

3단계만 잘 익혀 두면 학생들은 생각을 글로 표현하는 데 익숙해지면서 분량이 긴 글도 척척 써 내려가며 글쓰기에 자신감이 붙기 시작합니다.

- 활동 목표 : 생각그물을 글로 나타냅니다.
- 활동 방법

<첫 번째 장>

① 왼쪽 생각그물과 오른쪽 글을 비교하며 생각그물 노란색 가지(91쪽 상단 활동지의 ▨▨▨ 부분)에 해당하는 문장은 오른쪽 글에서 노란색으로, 하늘색 가지(91쪽 상단 활동지의 ▨▨▨ 부분)에 해당하는 문장은 하늘색으로 밑줄 그어 보게 합니다. (※ 노란색과 하늘색 구분은 중심문장과 뒷받침문장을 구분하기 위한 것의 예시로, 선생님들께서 색을 임의로 정해서 하시면 됩니다.)

<두 번째 장>

① 글로 쓸 내용을 생각그물로 정리합니다.

② 생각그물의 노란색 가지는 중심문장, 하늘색 가지는 뒷받침문장으로 구분하여 글로 옮깁니다.

③ 글을 다 쓴 후 중심문장에는 노란색, 뒷받침문장에는 하늘색으로 밑줄 그으며 생각그물을 글로 잘 나타냈는지 확인합니다.

- 활동 안내 : 활동지 앞 장은 생각그물이 어떻게 글로 바뀌는지 시각적으로 보여 주고 있습니다. 생각그물 중심에서 뻗어 나온 1차 가지는 문단의 중심문장에 해당하는 부분입니다. 1차 가지에서 뻗어 나온 2차 가지는 문단의 뒷받침문장에 해당하는 부분입니다.

  앞으로 생각그물을 그리고 글을 쓰는 과정에서 생각그물의 1차 가지와 중심문장은 노란색으로, 생각그물의 2차 가지와 뒷받침문장은 하늘색으로 표시하기로 학생들과 약속합니다.

  오른쪽 글 부분에서 문장이 시작되는 곳의 빨간 점선 동그라미는 문단 처음 부분의 들여쓰기를, 문장이 끝나는 부분의 초록색 아래쪽 점선 동그라미 표시는 문단이 바뀌면서 생기는 공백을 표시해 놓은 것입니다.

  두번째 장은 생각그물에 생각을 정리하고 글을 써 보는 활동입니다. 1차 가지 2개, 2차 가지 3개로 분량을 정해 줍니다. 생각그물을 글로 옮기는 연습을 원활하게 하기 위하여 생각그물의 가지 개수는 최소한으로 설정합니다. 가지가 많아 복잡해지면 글의 구조 파악이 어렵기 때문입니다. 또한, 이 과정은 글의 내용보다는 글의 형식을 익히는 과정이니 내용을 떠올리기 쉬운 글감을 제시합니다.

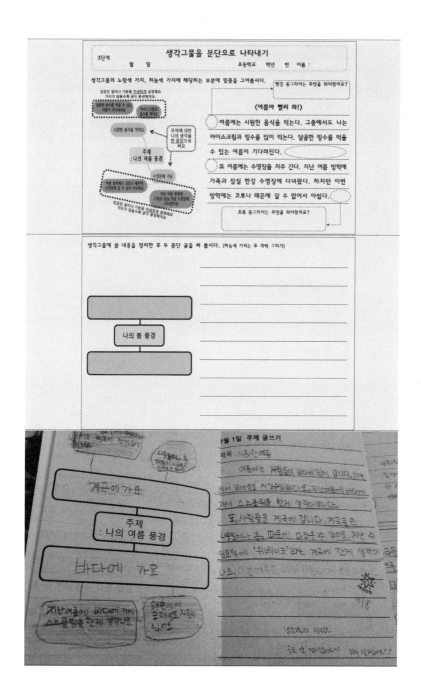

- 활동 목표 : 생각그물을 글로 나타냅니다.
- 활동 방법 : 생각그물을 참고하여 빈칸을 채워 글을 완성합니다.
- 활동 안내 : 생각그물이 어떻게 글로 구조화되는지 그 과정을 볼 수 있습니다. 첫 번째 활동지보다 빈칸을 많이 만들어 학생 스스로 글을 완성해 보도록 합니다. 점차 빈칸을 늘려 자유롭게 써 볼 수 있도록 활동지를 구성합니다.

노란색 가지와 거기에서 뻗어 나간 하늘색 가지는 항상 한 문단으로 묶여야 하며, 노란색 가지는 중심문장, 하늘색 가지는 뒷받침문장을 뜻한다는 것을 상기시킵니다.

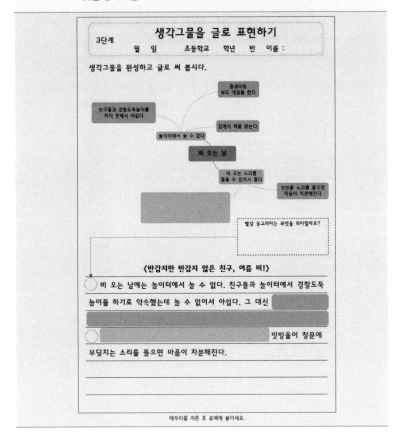

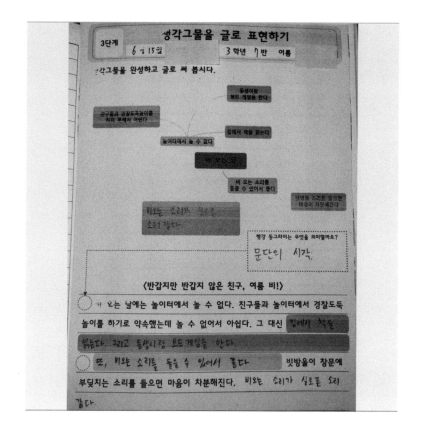

글의 형식을 처음 접하는 3학년 학생들은 고학년 학생들에 비해 두 활동을 특히 더 낯설어 합니다. 한두 번 연습만으로 습득하기 어렵기 때문에 위의 두 활동지 형식은 그대로 유지한 채 내용만 수정하여 반복 연습합니다. 익히는 데 시간이 오래 걸리다 보니 교사도 학생들도 인내심이 필요합니다. 그래도 이 단계만 잘 습득하면 학생들은 자신의 생각을 글로 옮기는 데 어느 정도 익숙해지면서 놀라울 정도로 빠르게 완성도 높은 글의 형상이 나타나기 시작합니다.

다음은 학생들이 처음 문단과 문장을 연습하면서 자주 틀리는 유형들입니다.

1) 문단을 바꿀 때 한 줄 바꾸어 쓰지 않는 경우 (가장 많이 틀리는 유형)
-> 아직 문단에 대한 이해가 완벽하지 않아 문단을 구분하지 못합니다.

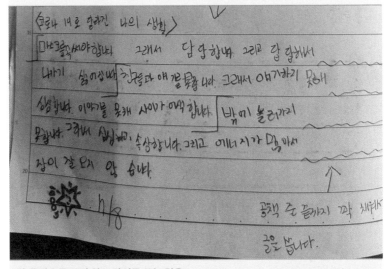

2) 문장으로 쓰지 않고 단어로 쓰는 경우
-> 생각그물의 주요 가지(노랑)에 해당하는 중심 생각을 문장이 아닌 단어로 씁니다.

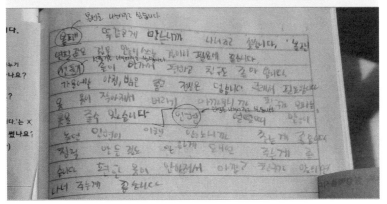

3) 문장에 번호를 붙여 나열하는 경우

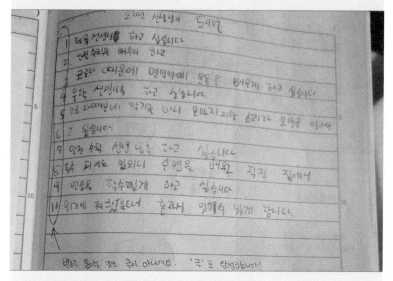

4) 중심문장을 쓰고 뒷받침문장을 한 줄씩 나열하는 경우

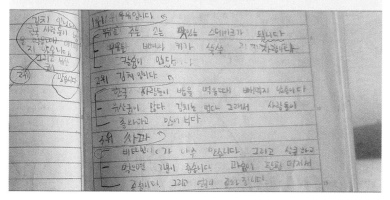

문장과 문단을 익히다 보면 정말 상상도 못했던 다양한 오류가 발생하지만 꾸준히 연습하다 보면 학생들도 점차 글의 형식에 익숙해집니다. 문단과 문장의 개념이 잡히면 이제 공책 왼쪽 페이지에 직접 생

각그물을 그리고 오른쪽에 짧은 글쓰기를 합니다. 이때 노란색 가지 (중심문장) 2개, 하늘색 가지(뒷받침문장) 3개로 분량을 제한합니다.

중심문장 하나와 뒷받침문장 두 개, 두 문단 정도 분량이면 쓸 내용을 떠올리느라 부담스럽지도 않으면서 글의 형식이 한눈에 보이기 때문에 처음 연습하기에 알맞습니다.

교과서 지문은 중심문장이 잘 드러나는 글이다 보니 이 단계에서 글의 구조를 이해하면 교과서 지문을 읽는 것이 한결 수월해지며 학습 내용을 이해하고 요약·정리하는 능력이 같이 향상됩니다. 특히 국어 교과 내용 중 내용을 요약하거나 글쓴이의 주장을 찾아내는 활동을 쉽게 해결하게 됩니다.

두 문단 여섯 문장으로 이루어진 짧은 글을 형식에 알맞게 써 나갈 수 있다면 다음 단계로 넘어갑니다.

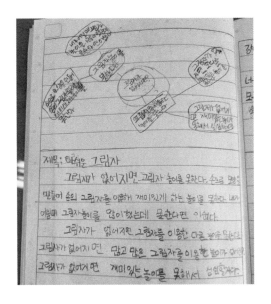

4단계
글의 '중간' 쓰기

생각그물로 쓸 내용을 정리하고 문단과 문장을 완벽히 이해했다면 이제 글쓰기를 본격적으로 시작합니다. 98쪽의 사진과 같이 공책 왼쪽에는 생각그물을 그리고 오른쪽에는 글을 씁니다. 글감을 제시하여 일주일에 한 편씩 글쓰기 연습을 합니다. 처음에는 세 문단 정도로, 익숙해지면 점차 분량을 늘려 갑니다.

4단계에서 쓰는 글은 글 전체로 보았을 때 본론 혹은 중간 부분에 해당합니다. 처음부터 글의 '처음-중간-끝'을 갖추어 쓰지 않고 중간 부분을 먼저 연습한 후 다음 단계에서 처음과 끝을 추가하여 한 편을 완성해 보도록 합니다. 그래서 아직까지는 완벽한 한 편의 글이라고 보기는 어렵지만 4단계에 익숙해지면 꽤 완성도 있는 글을 쓸 수 있는 수준에 이르게 됩니다.

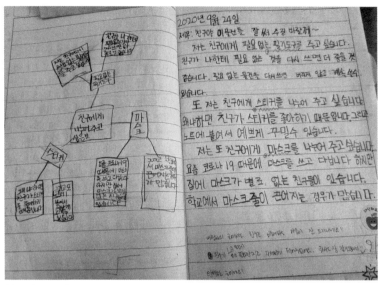

한 문단당 3문장, 3문단으로 이루어진 글입니다. 왼쪽 생각그물을 보면 중심생각에 해당하는 가지를 3개 그리고, 부연 설명에 해당하는 가지를 2개씩 그렸습니다. 처음부터 글의 분량을 많이 잡지 않습니다.

글쓰기에 익숙하지 않은 학생들이라 처음 글을 쓸 때에는 문단과 문장의 개수까지 정해서 생각그물을 글로 옮기는 연습에 초점을 맞추지만, 어느 정도 이것이 익숙해지면 자유롭게 생각그물을 그리고 가지 개수도 스스로 구상하여 글을 쓸 수 있도록 지도합니다.

생각그물에는 한 단어나 한 구절 정도로 간단히 쓰라고 안내하는데, 간혹 문장으로 자세하게 쓰는 학생들도 있습니다. 자세히 쓰면 지우개도 필요 없이 바로 글을 옮겨 쓸 수 있어서 좋다고 합니다. 그래서 생각그물은 학생들 나름의 방식대로 하게끔 제약을 많이 두지 않는 편입니다.

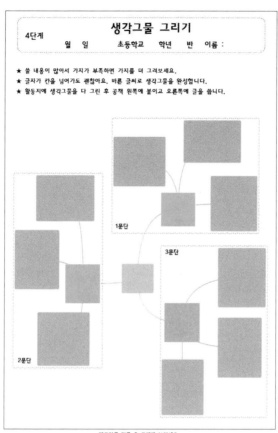

테두리를 자른 후 공책에 붙이세요.

생각그물이 익숙하지 않은 저학년 학생들에게는 생각그물 틀을 활동지로 만들어 공책 왼쪽에 붙이고 생각그물을 완성하여 글을 쓰게 합니다. 활동지의 테두리를 공책 사이즈에 맞추어 만들면, 학생들이 깔끔하게 공책에 붙일 수 있습니다. 세 문단으로 이루어진 글을 쓰도록 하기 위해 활동지에 '1문단', '2문단', '3문단'을 표시해 놓았습니다. 생각그물에 노란색과 하늘색으로 가지를 구분해 두면 익숙하지 않은 학생들도 쉽게 생각그물 빈칸을 완성하고 글을 쓸 수 있습니다.

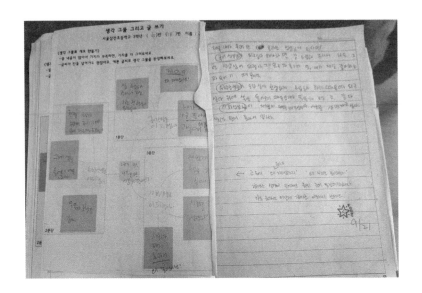

    글쓰기가 어느 정도 능숙해지면 생각그물 그리기는 생략합니다. 그런데도 꽤 많은 학생들이 여전히 생각그물을 그린 다음에 글을 씁니다. 귀찮을 법도 한데 생각그물이 익숙해지면 학생들은 생각그물을 그리고 글을 써야 더 빠르고 편하게 쓸 수 있다고 합니다.

    4단계에서는 시간을 들여 꾸준히 연습하는 방법밖에 없습니다. 학생들의 수준, 의지 등에 따라 향상 속도는 천차만별이지만, 꾸준히 쓰는 학생들은 느리더라도 분명히 발전할 수밖에 없으니 너무 조급하게 생각하지 마시고 학생들을 믿고 맡겨 보세요.

한 학생의 글쓰기 공책입니다. 초반에는 몇 줄 간신히 썼지만, 학기말에는 공책 한 페이지를 거뜬히
써 내려갑니다.

5단계
글 한 편 완성하기

3~4단계에서 생각을 글로 표현하는 연습을 충분히 했다면, 학생들은 세 문단에서 다섯 문단 정도의 글로 자신의 생각을 나타낼 수 있게 됩니다. 그 정도만으로도 글의 분량이 꽤 늘고 형식을 갖추어 쓰게 되기 때문에 그럴듯해 보입니다. 하지만 어딘가 모르게 허전할 때가 있습니다. 또 학생이 가진 생각과 개성이 글에 온전히 드러나지 않은 것 같은 느낌이 들기도 합니다.

4단계에서 했던 글쓰기가 글의 본론에 해당한다면 이제는 본론의 앞과 뒤에 살을 붙여 온전한 글 한 편으로 완성시킬 차례입니다. 글을 조금 더 탄탄하고 밀도 있게 완성할 수 있는 5단계 활동들을 살펴보겠습니다.

| 서론과 결론으로 살 붙이기

학생들은 이제 어느 정도 말하고 싶은 내용을 글로 나타낼 수 있지만 기승전결 없이 내용을 나열한 수준이기 때문에 글이 투박해 보이기도 합니다. 좀 더 글맛을 살리고 짜임새를 다듬기 위해 서론, 결론을 쓰는 법을 다룹니다.

글에 짜임이 필요한 이유는 말하고자 하는 바를 명확하게 전달하기 위함입니다. 글의 짜임을 구성하는 방식은 다양한데 교과서에서는 글의 짜임을 '서론-본론-결론'이나 '처음-중간-끝'으로 설명합니다. 하지만 학생들 입장에서는 글을 처음, 중간, 끝으로 구분할 수 있다는 것 자체부터가 너무 모호하게 다가옵니다. 글이 왜 네 토막, 다섯 토막도 아닌, 하필 처음, 중간, 끝 세 토막으로 나뉘는지 이유도 모르고 글에서 잘 구분해 내지도 못합니다. 교과서에 실린 글처럼 정제되고 짜임새가 완벽한 글을 읽을 때에는 그나마 구조가 눈에 들어오지만 글의 구조가 잘 드러나지 않는 글들도 많습니다. 학생들은 주로 교과서와 같은 정제된 글을 보다 보니 상대적으로 구조가 드러나지 않는 글을 접해 볼 기회가 적어서 더욱 그렇게 느낍니다.

글을 쓸 때에도 마찬가지입니다. 글의 처음, 중간, 끝의 기능을 제대로 알지 못하기 때문에 글의 구조를 고려하지 않고 쓰는 경우가 대부분입니다. 그래서 학생들에게는 글에서의 서론과 결론이 어떤 역할을 하는지, 서론과 결론에 어떤 내용을 담아 어떻게 써야 할지를 친숙한 일상의 소재나 익숙한 상황에 비유하여 설명합니다.

① 글의 처음(서론) 익히기

글의 '처음' 부분은 글로 들어가는 입구라고 할 수 있습니다. 놀이공원의 입구를 떠올려 본다면 '처음' 부분 역할을 쉽게 이해할 수 있습니다. 놀이공원에 도착하면 방문객을 가장 먼저 반기는 것은 화려한 성의 입구입니다. 입구부터 발랄한 음악이 흘러나오고 직원들이 활기차게 인사를 건네니 발걸음은 즐겁게 놀이공원으로 향합니다.

놀이공원의 입구처럼 글의 서두는 독자를 나의 세계로 초대하는 입구입니다. 나를 찾아온 독자들이 낯설거나 당황하지 않도록 혹은 나의 세계로 들어오도록 눈길을 사로잡고 발길을 이끌어야 합니다. 들어올까 말까 고민하는 독자들의 호기심을 불러일으키는 흥미로운 이야기일 수도 있고 누구나 쉽게 공감할 수 있는 따뜻하고 익숙한 이야기일 수도 있습니다. 어떤 이야기든 나의 세계로 독자를 끌어당기는 힘이 있다면 아주 좋은 서론이라고 할 수 있습니다.

서론 쓰기에 방법이 정해진 것은 아니지만, 저는 다른 여러 글쓰기 책에서도 소개하고 있는 서두 쓰기를 인용하여 활동을 진행합니다.

서론 쓰기 활동에서는 학생들이 다양한 서론 쓰기 방법을 접해 보는 것에 초점을 맞춥니다. 다양한 방식을 접해 봄으로써 평소 습관적으로 쓰던 패턴에서 벗어나 새로운 스타일로 서론 쓰기를 시도해 볼 수 있기 때문입니다. 다음은 교과서 글머리 쓰기 활동의 일부입니다.

5학년 2학기 국어 교과서에서는 글을 시작하는 첫 부분인 '글머리' 쓰는 방법을 다루고 있습니다. 방법과 예시를 소개하고 같은 방식으로 써 보며 글의 도입을 연습합니다.

교과서에 소개된 글의 서두 쓰기 방법

날씨 표현으로 시작하기 / 대화 글로 시작하기 / 인물 설명으로 시작하기
속담이나 격언으로 시작하기 / 의성어·의태어로 시작하기 / 상황 설명으로 시작하기

2. 겪은 일이 드러나게 글로 써 봅시다.
　(2) 글머리를 시작하는 여러 가지 방법을 알아보고, 몇 가지를 골라 글머리 쓰기를 연습해 보세요.

방법	문장
날씨로 표현하기	하늘에서 물을 바가지로 퍼붓는 듯 비가 내리는 날이었다.
대화 글로 시작하기	"괜찮아." 드디어 유나가 입을 열었다.
인물 설명으로 시작하기	키가 작고 눈이 동그란 그 친구는 항상 웃는 아이였다.
속담이나 격언으로 시작하기	"가는 날이 장날"이라더니 해변은 축제 때문에 사람들로 가득했다.
의성어나 의태어로 시작하기	꼼지락꼼지락, 희조는 이불 속에서 나올 생각을 안 한다.
상황 설명하기	10월의 어느 날, 드디어 반 대항 축구 대회가 열리는 날이었다.

<글머리 쓰기> : 5학년 2학기 국어 4단원 '겪은 일을 써요'

　다음은 학생들이 자주 활용할 만한 서론 쓰기 방법을 안내하고, 이 중 원하는 방법을 골라 서론이 비어 있는 예시 글에 어울리는 도입 글을 써 보는 활동입니다.

　이때에는 전체 글의 맥락에 어울리는 서론을 작성해 보기 위해 예시 글을 제시합니다. 글쓰기를 한 후에는 작성한 서론을 공유해 보며 개개인의 경험이나 느낌에 따라 같은 글이라도 서두가 달라질 수 있음을 비교해 봅니다.

다른 책에 소개된 글의 서두 쓰기 방법들

경험적 일화 / 시사적인 혹은 일반적인 사실의 언급 / 경구 혹은 잘 알려진 명제의 제시 / 수사적 표현 / 질문 또는 단정적 주장의 문제 제기

* 출처 : 《대학글쓰기》(정희모 외, 삼인)

5단계 내 마음대로 서론 쓰기

월 일   초등학교   학년   반   이름 :

〈서론 쓰는 방법〉 중 한 가지를 선택하여 글의 흐름에 어울리는 서론을 써 봅시다.

〈서론 쓰는 방법〉
경험담 말하기 / 잘 알려진 상식이나 정보를 안내하기 / 상황 설명하기
속담이나 명언 인용하기 / 독자에게 질문하기
대화 형식으로 시작하기 / 자유롭게 쓰기

〈하얀 거짓말은 진짜 하얄까?〉

하얀 거짓말은 피해를 줄 수 있다. 상대방을 배려하기 위해 거짓말을 했는데 나중에 그 사람이 사실을 알게 되면 허탈하고 배신감을 느낄 수도 있다. 그리고 시간이 많이 흘러 의도와 다르게 상황이 흘러가버리면 거짓을 바로잡을 기회를 놓쳐 버릴지도 모른다.

또, 하얀 거짓말을 하는 사람은 거짓말이 그 사람에게 도움이 되는지 안 되는지 정확하게 알 수 없다. 좋은 의도로 하얀 거짓말을 했지만 그 거짓말 때문에 더 곤란한 상황이 생길 수도 있기 때문이다.

우리는 피하고 싶은 진실이 있더라도 진실을 받아들이고 전달할 용기를 가져야 한다. 진실은 언제가 드러나기 때문에 영원히 피할 수 없다.

〈별이 나에게 날아오던 그 순간〉

별똥별은 어려운 말로 유성이라고 부른다. 별똥별은 어떻게 만들어지는 걸까? 우주에는 아주 많은 돌, 먼지, 티끌들이 떠다닌다. 우주를 떠다니던 돌조각들은 지구와 가까워지면 중력 때문에 지구로 끌려온다. 이 돌조각이 지구 대기 안으로 들어올 때 마찰 때문에 불이 붙는데 이것을 유성이라고 한다. 떨어지는 돌조각의 크기에 따라 별똥별의 밝기가 달라진다.

보통 유성은 지구 대기에 들어오면 불타지만 다 타지 않은 돌덩어리들이 지구 표면에 떨어지기도 한다. 이 돌을 운석이라고 부른다. 운석은 지구와 충돌하면서 커다란 구멍을 만들기도 한다. 과학자들은 지구로 떨어진 운석의 성분을 분석하여 우주를 연구한다고 한다.

아름답고 신비롭기만 하던 별똥별에 이렇게 많은 과학 이야기가 담겨있을 줄 몰랐다. 태양, 달, 은하수…… 우주에는 얼마나 많은 이야기가 숨어있을까? 앞으로 우주에 관심을 가지고 살펴보아야겠다.

5단계 내 마음대로 서론 쓰기

6월 15일   초등학교 5학년 2반   이름 :

〈서론 쓰는 방법〉 중 한 가지를 선택하여 글의 흐름에 어울리는 서론을 써 봅시다.

〈서론 쓰는 방법〉
경험담 말하기 / 잘 알려진 상식이나 정보를 안내하기 / 상황 설명하기
속담이나 명언 인용하기 / 독자에게 질문하기
대화 형식으로 시작하기 / 자유롭게 쓰기

〈하얀 거짓말은 진짜 하얄까?〉

"다 너를 위해서 한 거짓말이야." 이건 거짓말을 상대방을 위하는 좋은 거짓말이다. 그런데 정말 거짓말이 상대방에게 좋기만 할까? 나는 그렇게 생각하지 않는다.

하얀 거짓말은 피해를 줄 수 있다. 상대방을 배려하기 위해 거짓말을 했는데 나중에 그 사람이 사실을 알게 되면 허탈하고 배신감을 느낄 수도 있다. 그리고 시간이 많이 흘러 의도와 다르게 상황이 흘러가버리면 거짓을 바로잡을 기회를 놓쳐 버릴지도 모른다.

또, 하얀 거짓말을 하는 사람은 거짓말이 그 사람에게 도움이 되는지 안 되는지 정확하게 알 수 없다. 좋은 의도로 하얀 거짓말을 했지만 그 거짓말 때문에 더 곤란한 상황이 생길 수도 있기 때문이다.

우리는 피하고 싶은 진실이 있더라도 진실을 받아들이고 전달할 용기를 가져야 한다. 진실은 언제가 드러나기 때문에 영원히 피할 수 없다.

〈별이 나에게 날아오던 그 순간〉

지난 여름방학에 할머니네에 가서 별을 본 적이 있다. 할머니네는 도시에서 멀리 떨어진 시골이어서 별이 굉장히 잘 보였다. 깜깜한 하늘이 반짝반짝 빛나는 별들이 정말 아름다웠다. 하늘을 바라보고 있으면 가끔씩 별이 떨어질 때도 있다. 바로 별똥별이다. 우리 가족은 별똥별을 보면서 소원을 빌었다. 별똥별을 보다 보니 별똥별이 궁금해졌다.

별똥별은 어려운 말로 유성이라고 부른다. 별똥별은 어떻게 만들어지는 걸까? 우주에는 아주 많은 돌, 먼지, 티끌들이 떠다닌다. 우주를 떠다니던 돌조각들은 지구와 가까워지면 중력 때문에 지구로 끌려온다. 이 돌조각이 지구 대기 안으로 들어올 때 마찰 때문에 불이 붙는데 이것을 유성이라고 한다. 떨어지는 돌조각의 크기에 따라 별똥별의 밝기가 달라진다.

보통 유성은 지구 대기에 들어오면 불타지만 다 타지 않은 돌덩어리들이 지구 표면에 떨어지기도 한다. 이 돌을 운석이라고 부른다. 운석은 지구와 충돌하면서 커다란 구멍을 만들기도 한다. 과학자들은 지구로 떨어진 운석의 성분을 분석하여 우주를 연구한다고 한다.

아름답고 신비롭기만 하던 별똥별에 이렇게 많은 과학 이야기가 담겨있을 줄 몰랐다. 태양, 달, 은하수…… 우주에는 얼마나 많은 이야기가 숨어있을까? 앞으로 우주에 관심을 가지고 살펴보아야겠다.

② 글의 결론 익히기

서론이 글로 들어가는 입구라면, 결론은 '최후의 한마디' 정도에 빗댈 수 있습니다. 글의 마지막은 전화 통화를 끊기 전의 마지막 한마디와도 비슷합니다. 직장에 있는 부모가 학교를 마치고 돌아와 혼자 집에 있는 자녀에게 전화하는 상황을 한번 떠올려 볼까요? 부모는 오늘 자녀가 학교에서 겪었던 일이 궁금할 것이고, 또 혼자 있는 아이가 걱정되어 당부하고 싶은 것들이 아주 많겠죠. "냉장고에 샌드위치가 있으니까 배가 고프면 간식으로 꺼내 먹으렴.", "오늘 추우니까 학원 갈 때 목도리 꼭 하고 가라." 등등 속사포 같은 잔소리를 지나면 부모의 진짜 마음이 드러납니다. 마지막 덧붙이는 "○○아, 사랑해~ 이따 만나자."에서요. 사랑하는 사람과의 전화 통화에서는 꼭 전하고 싶은 마음을 담아 마무리하는 경향이 있지 않나요?

학생들에게 글의 결론을 쓸 때에는 '마지막으로 딱 한마디만 더 할 수 있다면?'이라는 마음으로 글을 쓰도록 안내합니다. 글을 쓰면서 든 생각이나 느낌, 전체적인 소감 등 다 좋습니다. 다만, 글 전체를 읽을 시간이 없는 사람이 글의 마지막 부분만 읽어도 '아, 글쓴이는 앞에서 아마 이러이러한 이야기를 했을 거고, 이것만큼은 꼭 말하고 싶었구나.'라는 느낌이 들도록 쓴다면 결론 쓰기도 성공입니다.

결론 쓰기 활동 또한 다른 책에서 안내하고 있는 방법을 참고하여 진행합니다. 이러한 내용이 결론에 꼭 들어가야 한다기보다는 이런 내용들이 들어갈 수 있다는 정도로만 봐 두시면 좋을 것 같습니다.

본론 요약 및 대안 제시하기 / 경구 또는 잘 알려진 명제 이용하기 / 선택적 판단 및 부연하기 / 문제상황 환기시키기

* 출처 : 《대학글쓰기》 (정희모 외, 삼인)

내 마음대로 결론 쓰기

5단계   월 일   초등학교   학년 반 이름 :

〈결론 쓰는 방법〉중 한 가지를 선택하여 글의 흐름에 어울리는 결론을 써 봅시다.

〈결론 쓰는 방법〉
내용 요약하기 / 해결 방법 제시하기 / 주장 강조하기 / 자유롭게 쓰기

< 아이들에게는 놀이터가 필요해요. >
 나는 일주일에 두 번 정도 놀이터에서 논다. 친구들과 놀이터에서 노는 시간이 가장 행복하다. 모래로 터널, 성 만드는 것도 재미있고 놀이기구 위에서 술래잡기하는 것도 좋다.
 하지만 우리 동네에는 놀이터가 하나밖에 없고 시설이 너무 낡았다. 우리 동네는 어린이들이 꽤 많은 편이다. 그런데 놀이터가 하나라서 놀이터는 항상 북적거린다. 지난주에는 사람들이 너무 많아서 놀지 못하고 집으로 돌아온 적도 있었다. 게다가 그네 줄 하나는 끊어졌고 미끄럼틀로 올라가는 사다리는 삐그덕 거리며 흔들린다.
 놀이 공간이 부족해서 어쩔 수 없이 위험한 곳에서 놀게 되기도 한다. 얼마 전에 골목길에서 축구를 하던 아이들이 차에 부딪칠 뻔한 위험한 일이 있었다.

< 자전거 주차장을 더 설치해주세요. >
 우리 학교에는 자전거를 타고 등교하는 친구들이 많다. 나는 주로 걸어 다니는 편이지만 날씨가 더운 여름에는 가끔 자전거를 타고 학교에 간다. 자전거를 타고 가면 바람이 불어 시원하기도 하고 뜨거운 햇볕을 맞으며 걷지 않아도 되기 때문이다.
 그런데 자전거를 타고 학교에 조금 늦게 도착하면 자전거를 세울 자리가 없어 난감할 때가 있다. 자전거를 타고 오는 친구들 수보다 자전거 주차장 자리가 적기 때문이다. 그럼 어쩔 수 없이 바퀴에만 자물쇠를 채워서 자전거 주차장 옆에 세워두는데 혹시 자전거를 잃어버릴까봐 조금 걱정이 된다.
 또, 자전거 주차장에는 지붕이 없다. 그러다 보니 여름에는 햇볕 때문에 안장이 엄청 뜨거워질 때도 있고 비가 오는 날에는 다 젖기도 한다. 지난번에는 자전거에 헬멧을 걸어두었는데 소나기가 오는 바람에 헬멧이 다 젖어서 헬멧을 쓰지 못한 적이 있었다. 자전거에 실내화 가방이나 보조 가방을 걸어두고 가는 친구들도 있는데 아마 그 친구들의 가방도 다 젖었을 것이다.

내 마음대로 결론 쓰기

5단계   6월 22일   학교 5학년 2반 이름

〈결론 쓰는 방법〉중 한 가지를 선택하여 글의 흐름에 어울리는 결론을 써 봅시다.

〈결론 쓰는 방법〉
내용 요약하기 / 해결 방법 제시하기 / 주장 강조하기 / 자유롭게 쓰기

< 아이들에게는 놀이터가 필요해요. >
 나는 일주일에 두 번 정도 놀이터에서 논다. 친구들과 놀이터에서 노는 시간이 가장 행복하다. 모래로 터널, 성 만드는 것도 재미있고 놀이기구 위에서 술래잡기하는 것도 좋다.
 하지만 우리 동네에는 놀이터가 하나밖에 없고 시설이 너무 낡았다. 우리 동네는 어린이들이 꽤 많은 편이다. 그런데 놀이터가 하나라서 놀이터는 항상 북적거린다. 지난주에는 사람들이 너무 많아서 놀지 못하고 집으로 돌아온 적도 있었다. 게다가 그네 줄 하나는 끊어졌고 미끄럼틀로 올라가는 사다리는 삐그덕 거리며 흔들린다.
 놀이 공간이 부족해서 어쩔 수 없이 위험한 곳에서 놀게 되기도 한다. 얼마 전에 골목길에서 축구를 하던 아이들이 차에 부딪칠 뻔한 위험한 일이 있었다.

 우리 동네에는 어린이들이 안전하게 놀 수 있는 놀이터가 더 만들어져야 한다. 놀이터가 더 만들어지면 어린이들이 놀이터에서 놀면서 친구들과 우정을 쌓을 수도 있고 공부때문에 받은 스트레스를 다 해소시킬 수 있다. 어린이들의 휴식처인 놀이터는 아이들을 더 행복하게 한다.

< 자전거 주차장을 더 설치해주세요. >
 우리 학교에는 자전거를 타고 등교하는 친구들이 많다. 나는 주로 걸어 다니는 편이지만 날씨가 더운 여름에는 가끔 자전거를 타고 학교에 간다. 자전거를 타고 가면 바람이 불어 시원하기도 하고 뜨거운 햇볕을 맞으며 걷지 않아도 되기 때문이다.
 그런데 자전거를 타고 학교에 조금 늦게 도착하면 자전거를 세울 자리가 없어 난감할 때가 있다. 자전거를 타고 오는 친구들 수보다 자전거 주차장 자리가 적기 때문이다. 그럼 어쩔 수 없이 바퀴에만 자물쇠를 채워서 자전거 주차장 옆에 세워두는데 혹시 자전거를 잃어버릴까봐 조금 걱정이 된다.
 또, 자전거 주차장에는 지붕이 없다. 그러다 보니 여름에는 햇볕 때문에 안장이 엄청 뜨거워질 때도 있고 비가 오는 날에는 다 젖기도 한다. 지난번에는 자전거에 헬멧을 걸어두었는데 소나기가 오는 바람에 헬멧이 다 젖어서 헬멧을 쓰지 못한 적이 있었다. 자전거에 실내화 가방이나 보조 가방을 걸어두고 가는 친구들도 있는데 아마 그 친구들의 가방도 다 젖었을 것이다.

 학교에 자전거 주차장과 가방이 넘치게되면 우리 학교 학생들이 힘써 타 평야까지 갈수 있을 것 같다. 그래서 자전거를 많이타게되면 건강하는 것도 시켜주고, 자전거나 짐이 비싸 잠기거나 떨어져 떨어지자는 일도 없어질 것이다. 자전거 주차장을 우리 학교 학생들의 행복을 위해 꼭 필요하다.

보통 성인 글쓰기에서는 서론, 본론, 결론의 분량을 10:70:20 정도의 비율로 잡는다면, 학생들에게는 다섯 문단에서 일곱 문단 정도로 글을 쓰게 하니 서론 한 문단, 결론 한두 문단으로 구성하도록 합니다. 하지만 이는 절대적인 분량이 아니니 학생들의 글 분량을 보면서 선생님들께서 재량껏 정하시면 됩니다. 학생들에게도 서론 한 문단, 결론 한두 문단이 적당하지만 경우에 따라 분량을 달리할 수 있음을 미리 안내합니다. 또, 서론과 결론은 생각그물로 꼭 정리하게 하지는 않고 학생들 선택에 맡깁니다.

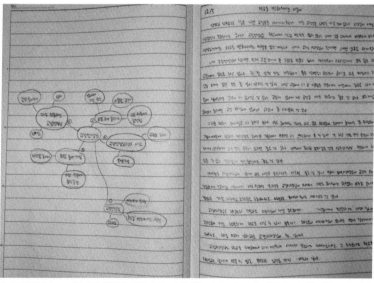

총 여섯 문단으로 이루어진 학생의 글입니다. 이 학생은 생각그물로 쓸 내용을 정리한 다음 1차 가지에 ①부터 ⑤까지 번호를 매겼습니다. ①은 글에서 서론 한 문단, ②~④는 본론 세 문단, ⑤는 결론 두 문단이 됩니다.

| 독자의 시선을 사로잡는 제목 붙이기

혹시 제목 짓는 방법을 배운 적 있으신가요? 가만히 생각해 보면 글 쓰는 법은 배워 봤어도 제목 붙이는 연습은 별로 해 본 적이 없는 것 같습니다. 제목이 길어 봤자 고작 한 줄인데, 제목을 정하려고 하면 글에 찰떡같이 어울리는 제목 문구가 떠오르지 않아 몇 날 며칠을 고민하기 일쑤일 겁니다.

학생들에게 글의 제목을 쓰라고 하면 제시된 글감을 그대로 제목에 붙이는 경우가 있습니다. 예를 들어, '나만의 스트레스 해소 방법'이라는 글감으로 글을 쓴다면, 학생들 글 제목 절반 이상은 〈나만의 스트레스 해소 방법〉입니다. 학생들은 글에서 제목의 역할이나 중요성을 크게 인식하지 않습니다. 따라서 글감 그대로 제목을 붙이기보다는 글을 대표할 수 있는 인상적인 문구로 제목을 붙일 수 있게 지도합니다. 심지어는 금기어도 제시합니다. 가령 '내가 가장 아끼는 물건 소개하기'가 글감이라면 제목으로 '아끼는'과 '소개하기'는 사용을 금지하는 것입니다. 학생들은 제목을 고심해서 써 본 경험이 별로 없기 때문에, 제목을 써 보라고 하면 어떻게 써야 할지 막막해 합니다. 그래서 우선은 다양한 제목을 접해 볼 수 있도록 학생들이 좋아할 만한, 약간은 말랑말랑한 방법을 활용합니다. 바로 가요 제목을 활용하는 방법이죠. 2016년 미국 뮤지션 밥 딜런이 노벨문학상을 수상하여 화제가 되었습니다. 노래 가사가 문학이 될 수 있는지에 대한 갑론을박이 있었습니다. 이에 스웨덴 한림원은 "밥 딜런은 '귀를 위한 시'를 써 왔고, 미국 음악의 전통 위에 새로운 시적인 표현을 만들어 냈다."고 선정 이유를 밝혔습니다.

가요는 학생들에게 익숙한 소재입니다. 특히 고학년 여학생들은 최근 활동하고 있는 수많은 아이돌 그룹과 멤버들의 이름을 줄줄 꿰고 있을 정도입니다. 시, 소설 등 많은 작품의 제목들이 있지만, 가요 제목은 청중을 단시간에 주목시키기 위해 감각적이면서도 인상적인 제목이 많고, 제목 그 자체만으로도 문구가 매력적이고, 호기심을 불러일으키는 경우가 많기 때문에 제목 분석에 제격입니다. 학생들에게는 지겨울 수도 있는 글쓰기에 좀 더 흥미를 가지고 재미있게 참여할 수 있도록, 또 글과 문학이 우리 일상과 동떨어지지 않다는 것을 알려 주고 싶은 마음에 가요 제목을 활용합니다.

우선은 학생들과 가요 제목을 분석해 보는 활동을 합니다. 제목을 붙이려고 생각하면 막막함을 느끼는 경우가 많은데, 가요 차트를 보며 제목을 살펴보면서 틀에서 벗어나도 된다는 것을 알려 주고 싶었거든요. 음악 차트의 제목 특징을 학생들과 함께 분석해 봅니다. 노래 제목은 한 단어, 구, 문장, 대화체 등 다양한 형태로 이루어져 있습니다. 자신이 평소 알고 있는 노래 중 기억에 남는 제목을 이야기해 보면서 인상 깊은 제목이 주는 에너지를 느껴 보도록 합니다.

두 번째 활동은 노래 제목 만들어 보기입니다. 실제 가요 가사를 보거나 노래를 듣고 내가 가수라면 어떤 제목을 붙이고 싶은지, 그 이유는 무엇인지 생각해 봅니다. 기대 이상으로 놀라운 제목이 많이 나옵니다. 경험상, 학생들이 별로 들어 본 적 없는 예전 노래로 들려주어야 학생들은 좀 더 자유롭게 상상할 수 있었습니다. 이미 제목을 알고 있는 노래라면 원제에 갇혀 오히려 새로운 제목 붙이기를 더 어려워합니다. 또한, 활동할 때 "선생님이 좋아하는 노래들이야."라고 말하면서 들려주면 한층 촉촉한 분위기를 조성할 수 있습니다. "실시간 차트에서 눈길을 사로잡을 수 있는 제목을 만들어 봐."라고 하면 정말 기발한 제목들이 많이 등장합니다.

단, 가요를 활용하는 활동을 진행할 때에는 제목이나 가사가 교육적으로 문제없는지를 꼭 확인해야 합니다. 특히 비속어가 포함되어 있거나 선정적, 폭력적인 표현이 없는지 잘 살펴야 합니다.

제목 만들기에 활용할 수 있는 소재는 노래뿐 아니라 사진, 광고, 드라마, 영화, 게임, 제품명, 간판 등으로 무궁무진합니다. 학생들이 좋아하고 관심 많은 소재들을 접목시킨다면 글쓰기를 지루해 하던 학생들도 분명 눈을 반짝이며 신나게 참여할 겁니다.

학생들이 과제로 써 온 글의 제목을 공유해 보는 것도 재미있습니다. 글 내용이 비슷하더라도 제목은 천차만별입니다. 글은 공개하지 않은 상태에서 제목만 보고 글쓴이를 맞추어 보거나 글의 내용을 짐작해 보는 활동을 해 보면 학생들도 흥미로워 하고 선생님께서는 분명 학생들의 재치에 혀를 내두르실 겁니다.

[제목 만들기] 노래 제목 작명소

5단계

월   일   초등학교   학년   반   이름 :

가요 차트를 보고 노래 제목의 특징을 찾아봅시다.

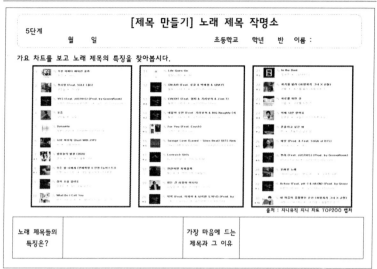

출처 : 지니뮤직 지니 차트 TOP200 캡처

노래 제목들의 특징은?		가장 마음에 드는 제목과 그 이유	

테두리를 자른 후 공책에 붙이세요.

다음은 실제 노래의 가사입니다. 가사와 어울리는 제목을 붙여봅시다.

많이 닮아있는 것 같으니 어렸을 적 그리던 네 모습과 순수한 열정을 소망해오던 푸른 가슴의 그 꼬마 아이와 어른이 되어가는 사이 현실과 마주쳤을 때 도망치지 않으려 피해 가지 않으려 내 안에 숨지 않게 나에게 숨지 않게 오오 그런 나이어 왔는지 나에게 물어본다 부끄럽지 않도록 불행하지 않도록 읽어야 않도록 푸른 가슴의 그 꼬마 아이는 무엇을 잊고 무엇을 얻었니 어른이 되어가는 사이 현실과 마주청을 때 도망치지 않으려 피해 가지 않으려 내 안에 숨지 않게 나에게 숨지 않게 오오 그런 나이어 왔는지 나에게 물어본다 부끄럽지 않도록 불행하지 않도록 더 늦지 않도록 부조리한 현실과 불확실한 미래에 내 안에 숨지 않게 나에게 숨지 않게 오오 그런 나이어 왔는지 나에게 물어본다 부끄럽지 않도록 불행하지 않도록 읽어야 않도록 〈제목을 붙인 이유는?〉	내가 아주 작을 때 나보다 더 작던 내 친구 내 두 손 위에서 노래를 부르면 작은 방을 가득 채워지 품에 안으면 따뜻한 그 느낌 작은 심장이 두근두근 느껴졌어 우리 함께 한 날은 그리 길게 가지 못했지 어느 날 알리는 많이 아파 힘없이 누워만 있었지 슬픈 눈으로 날 쳐다보더니 새벽 무렵엔 차디차게 식어있었네 굿바이 알리 어떤 아픔 없는 곳에서 하늘을 날고 있을까 굿바이 알리 너의 조그만 무덤가엔 웃돼도 풀은 피는지 눈물이 마를 무렵 희미하게 알 수 있었지 나 역시 세상에 머무르는 것 영원할 수 없다는 것을 설명할 말을 맡 순 없었지만 어린 나에게 죽음을 가르쳐 주었네 굿바이 알리 어떤 아픔 없는 곳에서 하늘을 날고 있을까 굿바이 알리 너의 조그만 무덤가엔 웃돼도 풀은 피는지 굿바이 알리 어떤 아픔 없는 곳에서 하늘을 날고 있을까 굿바이 알리 언젠가 다음 세상에서 내 친구로 태어나 줘 〈제목을 붙인 이유는?〉	세상 모두 멈추는 것 같은 밤 방 안 가득 별빛 쏟아져 내려 지친 하루 피곤한 모습의 엄마와 우릴 닮은 네가 잠들어 있단다 처음 샀던 엄지만 한 신발 품에 안고 기뻐하던 어느 봄날 누구보다 행복해 보이던 엄마의 얼굴 그로 활짝 빛나던 4월의 미소 영원히 잊지 못할 설레임 가득하던 엄마의 눈망울 사랑스런 너를 만나던 날 바보처럼 아빤 웃기만 하고 조심스레 너의 작은 손을 엄만 한참을 손에 쥐고 인사를 했단다 살아가는 일이 버거울 때 지친 하루 집에 돌아오는 길 저 멀리 아파트 창문 새로 네 불을 안고 반갑게 손을 흔드는 엄마의 모습 나는 웃을 수 있어 무엇보다 소중한 우리가 있으니 한참 시간이 흐른 뒤 어른이라는 이름 앞에 때론 힘겨울 눈물 흘릴 때면 이 노래를 기억해 주렴 너에게 줄 수 있는 단 하나의 작은 선물 꿈 많던 엄마의 눈부신 젊은 날은 너란 꽃을 피게 했단다 너란 꿈을 꾸게 됐단다 그리고 널 위한 이 노래 너의 작은 손 빛나던 미소 소중한 우리가 있으니 기억해 주렴니 널 위한 이 노래 소중한 우리가 있으니 〈제목을 붙인 이유는?〉

테두리를 자른 후 공책에 붙이세요.

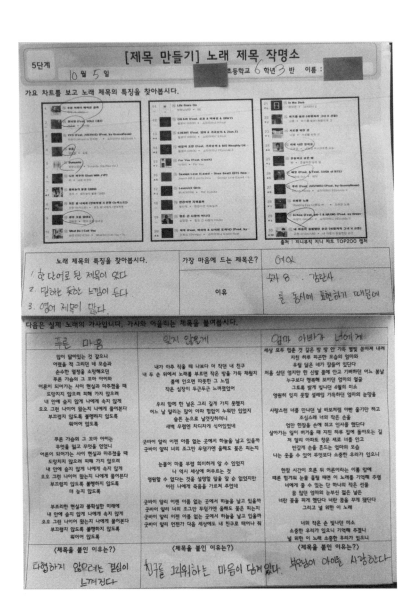

5단계

[제목 만들기] 노래 제목 작명소

10 월 5 일 [redacted] 초등학교 6 학년 3 반 이름 : [redacted]

가요 차트를 보고 노래 제목의 특징을 찾아봅시다.

출처 : 지니뮤직 지니 차트 TOP200 캡처

노래 제목의 특징을 찾아봅시다.	가장 마음에 드는 제목은?	에잇
1. 한 단어로 된 제목이 있다 2. 말하는 듯한 느낌이 든다. 3. 영어 제목이 많다.	이유	숫자 8 . 감탄사 를 동시에 표현하기 때문에

다음은 실제 노래의 가사입니다. 가사와 어울리는 제목을 붙여봅시다.

푸른 마음	잊지 않을게	엄마 아빠가 너에게
많이 닮아있는 것 같으니 어렸을 적 그리던 네 모습과 순수한 열정을 소망해오던 푸른 가슴의 그 꼬마 아이와 어른이 되어가는 사이 현실과 마주쳤을 때 도망치지 않으려 피해 가지 않으려 내 안에 숨지 않게 나에게 속지 않게 오오 그런 나이어 왔는지 나에게 물어본다 부끄럽지 않도록 불행하지 않도록 워어어 않도록 푸른 가슴의 그 꼬마 아이는 무엇을 잃고 무엇을 얻었니 어른이 되어가는 사이 현실과 마주쳤을 때 도망치지 않으려 피해 가지 않으려 내 안에 숨지 않게 나에게 속지 않게 오오 그런 나이어 왔는지 나에게 물어본다 부끄럽지 않도록 불행하지 않도록 더 늦지 않도록 부조리한 현실과 불확실한 미래에 내 안에 숨지 않게 나에게 속지 않게 오오 그런 나이어 왔는지 나에게 물어본다 부끄럽지 않도록 불행하지 않도록 워어어 않도록	내가 아주 작을 때 나보다 더 작던 내 친구 내 두 손 위에서 노래를 부르면 작은 방을 가득 채웠지 품에 안으면 따뜻한 그 느낌 작은 심장이 두근두근 느껴졌었어 우리 함께 한 날은 그리 길게 가지 못했지 어느 날 알리는 많이 아파 힘없이 누워만 있었지 슬픈 눈으로 날갯짓하더니 새벽 무렵엔 차디차게 식어있었네 굿바이 알리 이젠 아픔 없는 곳에서 하늘을 날고 있을까 굿바이 알리 너의 조그만 무덤가엔 올해도 꽃은 피는지 눈물이 마를 무렵 희미하게 알 수 있었지 나 역시 세상에 머무르는 것 영원할 수 없다는 것을 설명할 말을 알 순 없었지만 어린 나에게 죽음을 가르쳐 주었네 굿바이 알리 이젠 아픔 없는 곳에서 하늘을 날고 있을까 굿바이 알리 너의 조그만 무덤가엔 올해도 꽃은 피는지 굿바이 알리 이젠 아픔 없는 곳에서 하늘을 날고 있을까 굿바이 알리 언젠가 다음 세상에도 내 친구로 태어나 줘	세상 모두 멈춘 것 같은 밤 방 안 가득 별빛 쏟아져 내려 지친 하루 피곤한 모습의 엄마와 우릴 닮은 네가 잠들어 있단다 처음 샀던 엄지만 한 신발 품에 안고 기뻐하던 어느 봄날 누구보다 행복해 보이던 엄마의 얼굴 그토록 밝게 빛나던 4월의 미소 영원히 잊지 못할 설레임 가득하던 엄마의 눈망울 사랑스런 너를 만나던 날 바보처럼 아빤 울기만 하고 조심스레 너의 작은 손을 엄만 한참을 손에 쥐고 인사를 했단다 살아가는 일이 버거울 때 지친 하루 집에 돌아오는 길 저 멀리 아파트 창문 새로 너를 안고 반갑게 손을 흔드는 엄마의 모습 나는 웃을 수 있어 무엇보다 소중한 우리가 있으니 한참 시간이 흐른 뒤 어른이라는 이름 앞에 때론 힘겨워 눈물 흘릴 때면 이 노래를 기억해 주렴 너에게 줄 수 있는 단 하나의 작은 선물 꿈 많던 엄마의 눈부신 젊은 날은 너란 꽃을 피게 했단다 너란 꿈을 꾸게 됐단다 그리고 널 위한 이 노래 너의 작은 손 빛나던 미소 소중한 우리가 있으니 기억해 주겠니 널 위한 이 노래 소중한 우리가 있으니
〈제목을 붙인 이유는?〉 타협하지 않으려는 결심이 느껴진다	〈제목을 붙인 이유는?〉 친구를 그리워하는 마음이 담겨있다.	〈제목을 붙인 이유는?〉 부모님이 아이를 사랑한다

[제목 만들기] 사진 제목 작명소

5단계
월 일   초등학교   학년 반 이름:

다음 방법을 모두 활용하여 기사 사진에 어울리는 제목을 붙여 봅시다.

한 단어만 사용하기 / 두 단어만 사용하기 / 큰따옴표("") 사용하기 / 물음표(?) 사용하기 / 말 줄임표(...) 사용하기 / 자유롭게 써보기

출처 : 한국사진기자협회, NEWSIS(제 55회, 56회 한국보도사진전 수상작)

테두리를 자른 후 공책에 붙이세요.

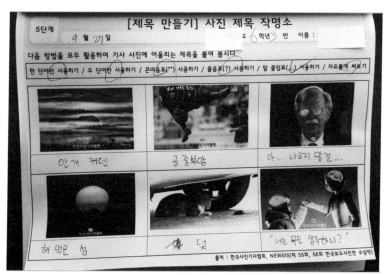

출처 : 한국사진기자협회, NEWSIS(제 55회, 56회 한국보도사진전 수상작)

| 글 뼈대 보강 공사 1_전개 방식에 따라 글쓰기

글을 조금 더 조직적으로 다듬고자 할 때 글의 전개 방식을 염두에 두면 짜임새 있는 글을 완성할 수 있습니다. 글의 전개 방식이란 글을 서술하는 방법입니다. 글을 건물에 비유했을 때 '서론-본론-결론'이나 '기-승-전-결'과 같은 글의 형식이 건물의 형태와 구조를 결정한다면, 전개 방식은 건물의 색깔이나 디자인을 담당한다고 볼 수 있습니다.

시간의 흐름	있음 (동태적 범주, 통시적)	서사, 인과, 과정
	없음 (정태적 범주, 공시적)	비교, 대조, 유추, 정의, 분류, 분석, 묘사, 예시, 논증

인과나 비교 같은 비교적 익숙한 방식이라면 학생들도 글을 어떤 방향으로 진행할지 어렵지 않게 계획할 수 있습니다. 하지만 초등 수준에서는 주제를 효과적으로 전달할 수 있는 전개 방식을 스스로 떠올리기가 쉽지 않습니다. 그래서 글의 전개 방식이 두드러지는 글을 써야 하는 경우, 글의 전개 방식상 필수로 들어가야 할 내용을 담아 생각그물 활동지를 제작합니다. 주어진 글감에 어울리는 전개 방식을 제시하고 꼭 포함되어야 할 내용을 생각그물 가지에 미리 표시해 놓습니다.

예를 들어 〈우리나라의 사계절〉이라는 주제로 글을 쓴다면 전개 방식 중 '비교' 방식이 적합합니다. 비교 방식으로 글을 전개할 때에는 글에 반드시 대상을 비교하는 기준이 포함되어야 합니다. 그렇다면 학생들은 가장 먼저 대상을 비교할 수 있는 기준을 정해야 합니다.

교사는 학생들의 수준을 고려하여 얼마나 상세히 안내해야 할지 결정합니다. 주제만 제시할지, 주제와 어울리는 전개 방식까지 알려 주어야 할지, 혹은 주제나 전개 방식과 더불어 글에 꼭 들어가야 하는 내용까지 안내해야 할지 고려합니다.

글쓰기가 익숙하지 않은 학생들에게는 비교 방식으로 글을 전개해야 함을 알려 주고, 더불어 '사람들의 옷차림', '스포츠 활동'과 같이 각 계절을 비교할 수 있는 기준을 직접적으로 제시합니다. 만약 스스로 글을 구성할 수 있는 학생들이라면 비교 방식으로 글을 쓰라고 조언하거나 '기준1', '기준2' 정도만 생각그물에 표시하여 글에 기준이 꼭 들어가야 함을 안내합니다.

글감에 어울리는 여러 가지 전개 방식을 접하다 보면 학생들은 자연스럽게 주제에 어울리는 전개 방식을 찾아낼 수 있습니다. 여기에 익숙해지면 자신이 전달하고자 하는 바를 가장 효과적으로 전달할 방법을 스스로 고려하여 글을 쓸 수 있게 됩니다.

글의 전개 방식 중 시간의 흐름이 드러나는 '과정'의 방식으로 글을 쓸 때와 시간의 흐름이 없는 '묘사'의 방식으로 글을 쓸 때 어떤 식으로 활동지를 구성하면 좋을지 살펴보겠습니다.

- **활동 목표** : 글의 전개 방식 중 '과정'에 따라 순서가 드러나는 글을 씁니다.
- **활동 방법**
  ① 집에서 학교까지 오는 길을 지도에 표시합니다.
  ② 그중 글로 쓸 장소나 풍경, 장면을 3~4가지 정도 지도에 동그라미로 표시합니다.
  ③ 생각그물에 내용을 정리한 후 글을 씁니다.
- **활동 안내** : 글의 전개 방식 중 시간의 흐름이 있는 '과정' 방식을 적용하여 글을 계획
  하고 써 보는 활동입니다. 초등 국어 교과에서 주로 접하는 '과정' 전개 방
  식으로는 시간이나 장소의 변화, 일의 순서 등이 드러나는 글이 있습니다.
  그중 '등굣길'이라는 연속성을 가진 과정을 소재로 글쓰기를 계획합니다.
  지도에 등굣길을 나타내고 글로 쓸 몇 장면을 직접 표시하며 글로 쓸 장면
  을 고릅니다. 동영상을 찍듯이 등교 과정 처음부터 끝을 모두 담지 않고,
  네 컷 만화를 그리듯 과정을 임의로 분절하여 쓸거리를 취사선택하고 글
  을 계획하도록 합니다.
  어떤 내용을 글로 쓸 것인지 선정하여 지도에 표시하였으면 생각그물로 넘
  어가 각 순서에서 쓸 내용을 정리합니다. 순서가 드러나도록 생각그물로
  나타내는 것이 핵심이기 때문에 생각그물 가지에는 ①부터 번호를 매겨 문
  단 순서를 표기합니다.

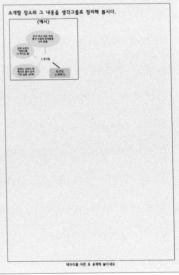

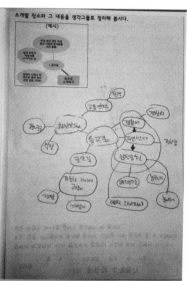

학교 가는 길

집에서 학교까지는 15분 정도 걸린다. 늦을때도 뛰어

가는데 뛰어가면 10분 정도 안되도 학교에 도착할 수 있다.

집에서 나와면 골목길이 있다. 차들이 적차되 있는데 눈앞

차 사이에서 이쁜 귀여운 고양이를 봤다. 검정색 고양이어서 내가

까망이라고 이름을 지어줬다. 까망이는 내가 학교가는 시간이

보일때도 있고 안보일때도 있다. 누가 까망이의 사료를 챙겨주어

서 여기 기린 그 자리에 있는것 같다. 나도 나중에 크면 꼭 기르미

돼야지.

학교로 가려면 골목길에서 나타 큰길로 걸어가야 한다. 큰길에

는 여러 사람 여러 봉사 해주시는 마음이 계시다. 우리 담아는

그래라고 한다.

학교 안 쪽에는 경찰서, 경리사간이가 있다. 경찰서 앞에는

경리 쌍쌍 경찰차가 있다. 조금 더 걸어으면 선거공천으로나, 선생

승원가는 높다. 바데리고 헤어도 있거나 ※사람들이 많이 온다.

판이파이어 화꼰 넘치가 있어서 나는 친구들이랑 개임을 하기도

한다.

    아무쪼록 학교 땄이다!!!

'묘사' 방식으로 글쓰기 <내가 가장 아끼는 물건 소개하기>

- 활동 목표 : 글의 전개 방식 중 '묘사'에 따라 글을 씁니다.
- 활동 방법 : 소개할 물건을 정하고 오감으로 관찰한 후 생각그물에 관찰 내용을 정리합니다.
- 활동 해설 : <등굣길 소개하기>와는 달리 쓸 내용에 순서가 없는 글쓰기입니다. 소개할 물건을 다각도로 관찰할 수 있도록 시각, 후각, 촉각 등으로 관찰 방법을 제시한 후 글을 씁니다.

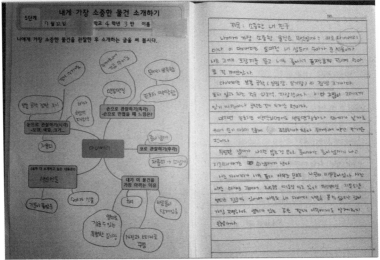

글로 엮을 좋은 아이디어가 넘치지만 어떤 내용을 어떻게 글로 담아야 하는지 요령을 모르는 학생들에게 효과적인 활동입니다. 이런 학생들의 생각은 마치 엉켜 버린 거대한 실타래 더미 같습니다. 글로 엮어 낼 생각 뭉치들이 크고 많지만 실이 어디에 있는지, 어떻게 쓰이는지를 몰라 적재적소에 꺼내어 쓰지 못하다 보니 글이 마치 도톰해야 할 목도리를 하늘하늘한 레이스용 얇은 뜨개실로 뜨는 것 같은 어울리지 않는 모양새가 됩니다.

하고 싶은 말은 많은데 두서없이 정리되지 않은 글들은 대개 주제와 어울리지 않는 이야기를 늘어놓다가 맥없이 끝나 버리고 맙니다. 그런 글은 글쓴이가 무슨 말을 하고자 하는지 파악하기 쉽지 않습니다. 많고 많은 생각 중에서 적절한 아이디어를 골라내는 연습도 글을 쓰기 위해 꼭 필요한 작업입니다.

예를 들어 영화 감상문을 쓴다면 글의 내용으로 영화 줄거리, 인상 깊었던 장면, 영화를 보고 느낀 점 등이 들어가야 합니다. 영화를 감상하고 난 소감을 쓰는 글인데 글에 영화관의 위치, 영화를 보며 먹었던 팝콘 같은 부차적인 내용이 주를 이룬다면 좋은 감상문이라고 하기 어렵습니다.

따라서 학생들은 글에 다양한 갈래가 있음을 경험하고 글의 갈래별 특징을 익히는 연습을 하는 것이 필요합니다. 갈래별로 들어갈 내용을 기계적으로 암기하는 것이 아니라 글을 쓰기 위한 문제상황을 설정하여 자연스럽게 어떤 요소가 글에 들어가면 좋을지 스스로 생각해 보는 것입니다.

예를 들어 설득하는 글에는 글쓴이의 주장, 근거, 주장이 미치는 영향 등이 포함되어야 합니다. 이때 학생들에게 "부모님을 설득해서 최신형 스마트폰을 사려면 어떻게 말해야 할까?"라는 식의 질문으로 문제상황을 설정한다면 학생들은 쓸 내용을 한층 실감 나게 떠올릴 수 있습니다.

기행문이나 감상문 같은 경우 교사가 여행 경험을 이야기하되 의도적으로 설명을 자세하게 하지 않으면 학생들은 "뭐 드셨어요?", "가서 뭐하셨어요?", "기분이 어떠셨어요?" 등등의 질문을 던집니다. 이때 "선생님이 설명을 자세히 하지 않아서 어땠니?"라고 다시 질문을 던져 글에 정보가 충분히 담기지 않으면 겪을 수 있는 독자의 답답함을 자연스럽게 느끼도록 합니다. 이렇게 몰입할 수 있는 상황을 제시하여 학생들이 스스로 쓸 내용을 떠올리며 일상과 동떨어지지 않는 글을 쓰도록 합니다.

다음은 초등학교 3~6학년 국어 교과서에서 발췌한 갈래별 내용 요소입니다. 무엇을 써야 하는지 갈피를 잡지 못하는 학생들에게 어떤 내용을 글에 담아야 하는지 가이드라인이 될 수 있습니다. 이 갈래 글에는 이 내용이 꼭 포함되어야 한다고 범위를 한정 짓는 것이 아니라, 글에 포함될 수 있는 최소한의 요소에 대한 가이드라인으로서 활용할 수 있습니다.

갈래	들어갈 내용
마음을 전하는 글(편지)	받을 사람, 첫인사, 전하고 싶은 말, 끝인사, 쓴 날짜, 쓴 사람 (상황이나 사건(누구와 어떤 일), 나의 마음이 잘 드러나는 표현, 마음을 전하는 말을 하는 까닭(바라는 점), 상대에게 하고 싶은 말이나 바라는 점, 앞으로의 각오와 다짐
인상 깊은 일이나 겪은 일이 드러나는 글	겪은 일(언제, 어디에서, 누구와 무엇을) 그때 들었던 마음과 그 까닭
독서 감상문	책을 읽게 된 까닭, 책 내용, 인상 깊은 부분 책을 읽은 후 드는 생각과 느낌
제안하는 글	문제상황, 제안하는 까닭, 제안하는 내용
의견을 제시하는 글	문제상황, 자신의 의견, 의견을 뒷받침하는 내용
본받고 싶은 인물을 소개하는 글	본받고 싶은 까닭, 인물이 살았던 시대 상황, 인물이 한 일(가치관)
의견이 드러나는 글	자신의 의견, 그렇게 생각한 까닭
주장하는 글(논설문)	서론 : 문제상황, 글을 쓴 까닭, 주장 본론 : 주장에 대한 근거 결론 : 글 내용을 요약하거나 주장을 다시 강조, 주장을 실천했을 때 나타날 긍정적 모습
기행문	여정, 견문, 감상
체험한 일에 대한 감상이 드러나는 글	체험하면서 있었던 일, 인상 깊게 보거나 배운 점, 생각과 느낌
설명하는 글	설명 기법 : 비교, 대조, 열거
뉴스 원고	진행자의 도입 : 뉴스에서 보도할 내용을 간단히 소개 기자의 보도 : 면담한 내용, 관련 자료 소개 기자의 마무리 : 전체 내용 요약, 핵심 내용 강조
영화 감상문	영화를 보며 떠오른 자신의 경험, 줄거리, 인물의 성격, 영화를 본 느낌과 감상, 가장 흥미로웠던 사건, 영화 주제, 인물들의 관계, 영화에서의 영상의 특징, 영화 감상문이 잘 드러나는 제목 등

문제상황을 구체적이면서 실제와 유사하게 설정할수록 학생들은 더 쉽고 재미있게 몰입합니다. 학생들 수준에 따라 글을 쓰기 전 글에 들어가야 하는 요소를 교사가 제시하기도 하고 학생 스스로 계획하기도 합니다.

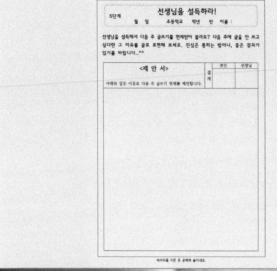

선생님을 설득하라!

5단계   월 일   초등학교 학년 반 이름 :

선생님을 설득해서 다음 주 글쓰기를 면제받아 볼까요? 다음 주에 글을 안 쓰고 싶다면 그 이유를 글로 표현해 보세요. 진심은 통하는 법이니, 좋은 결과가 있기를 바랍니다. ^^

<제 안 서>		본인	선생님
아래와 같은 이유로 다음 주 글쓰기 면제를 제안합니다.	결재		

테두리를 자른 후 공책에 붙이세요.

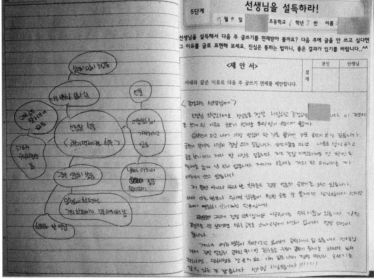

인터뷰 기사 쓰기

5단계   월 일   초등학교   학년   반   이름 :

내가 신문 기자라면 어떤 인물을 만나 어떤 질문을 하고 싶나요? 직접 인터뷰하거나 조사해 봅시다. 인터뷰 대상은 누구나 가능하며 단답형으로 대답할 수 있는 질문이 아니라 인물의 '생각'과 '가치관'이 담긴 답이 나올 수 있는 질문이어야 합니다.
(직접 인터뷰하지 못할 경우 인터넷에서 인물의 실제 인터뷰를 찾아보거나 인물에 대한 책, 자서전 등에서 유추할 수 있는 내용을 기록합니다.)

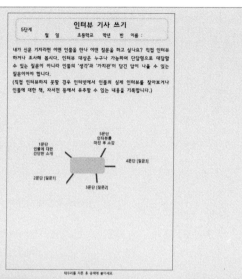

테두리를 자른 후 공책에 붙이세요.

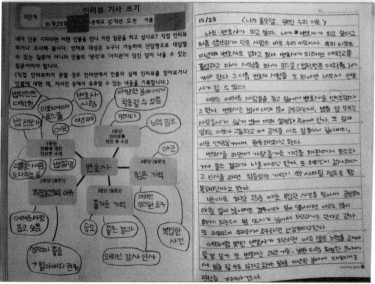

또, 한 가지 소재를 다양한 갈래에 접목시켜 글쓰기를 연습할 수 있습니다. '유튜브'로 예를 들어 보자면 어떤 갈래의 글을 쓰느냐에 따라 다양한 글감이 나옵니다.

소재	갈래	글감
유튜브	주장하는 글	유튜브는 학생들의 학습에 도움이 될까?
	설명하는 글	유튜브 사용법을 모르는 동생에게 쓰는 유튜브 안내문
	체험한 일에 대한 감상이 드러나는 글	유튜브 영상을 시청하면서 겪었던 일
	제안하는 글	대한민국 초등학생으로서 유튜브 회사에 건의합니다!

위와 같이 흥미 있는 소재와 글의 갈래를 적절하게 조합해서 제시하면 조금 더 재미있게 글쓰기를 진행할 수 있습니다.

3장
다 된 글에 날개 달기

학생들이 자기 생각을 충분히 글로 옮길 수 있는 정도이므로, 이제는 교사가 하나하나 알려 주기보다 스스로 성장하는 단계입니다. 학생들이 스스로 자기만의 색깔로 글을 만들어 나갈 수 있도록 방향을 제시해 줍니다.

스스로 글 다듬기

| 개요_스스로 질문 던지기

작성한 생각그물을 바로 글로 옮기지 않고 내용을 살펴보며 수정해야 할 부분이 있는지 점검합니다. 비슷한 생각끼리 묶어야 하는 생각그물의 구조 특성상 맥락과 상관없는 내용은 쉽게 걸러지지만 내용이 빈약한 경우에는 그것을 의식적으로 확장해야 합니다.

내용을 확장하고 싶으나 어떻게 해야 할지 방법을 모르는 학생들에게는 '육하원칙'과 '오감 관찰' 이 두 가지 방식으로 생각그물 작성 내용을 점검하도록 합니다.

① 육하원칙으로 내용 확장하기

있었던 일을 글로 쓸 때, 육하원칙에 따라 쓸 내용을 정리해 보면 그때의 경험을 명확하고 자세하게 서술할 수 있습니다.

'옛날에 친구 집에서 학원 친구들과 놀았다.'라는 짧은 서술에는 어떤 친구와 놀았는지, 무엇을 하며 놀았는지 등의 정보가 많이 생략되어 있습니다. 이때 육하원칙에 따라 정리해 본다면 어떤 내용을 추가해야 하는지 점검하기 좋습니다.

옛날에 친구 집에서 학원 친구들과 놀았다.	→	여름방학 중 지윤이의 생일날에 지윤이네 집에 놀러 갔다. 지윤이, 은빈이와 생일 파티를 하고 함께 루미큐브라는 보드게임을 하며 놀았다. 루미큐브는 같은 색깔 숫자 타일이나 연속되는 숫자 타일을 내려놓으며 빨리 타일을 없애는 게임이다.

언제	옛날에		
어디에서	친구 집에서		여름방학 중 지윤이 생일날에
누구와	학원 친구들과		지윤이네 집에서
무엇을	놀았다	→	지윤이, 은빈이와 함께
어떻게			루미큐브라는 보드게임을 했다.
왜			루미큐브는 같은 색깔 숫자 타일이나 연속되는 숫자 타일을 내려놓으며 빨리 타일을 없애는 게임이다.
			지윤이의 생일이라서 지윤이네 집에 모였다.

② 오감 관찰로 내용 확장하기

그 상황에서 느꼈던 감각을 서술하면, 독자들에게 글이 훨씬 실감나게 다가옵니다. 한발 떨어져 관망하는 관찰자의 관점에서 글을 쓰는 것이 아니라, 상황 내에 있는 주인공의 관점에서 서술하는 효과가 있습니다.

가족들과 함께 한강에 놀러 갔다. 장미 정원에 들렀다가 점심도 먹고 자전거도 탔다.	주말에 가족들과 한강 공원에 놀러 갔다. 먼저 장미 정원에 들렀다. 장미 정원 장미들이 막 피기 시작했다. 빨강, 분홍, 노랑… 색깔이 알록달록해서 예뻤다. 공원에는 가족, 친구들과 놀러 나온 사람들이 많았다. 와글와글 이야기 나누는 목소리가 즐겁게 들렸다. 마침 편의점을 지나가는데 편의점 라면 냄새가 좋았다. 결국 우리 가족은 냄새의 유혹을 뿌리치지 못하고 점심으로 라면을 먹기로 했다. 한강에서 먹은 라면은 꿀맛이었다. 점심을 먹은 다음 자전거를 탔다. 자전거를 타다 보니 날씨가 더워서 땀이 났다. 나무 그늘 아래서 잠시 쉬었는데 바람 때문에 시원했다. 오랜만에 가족들과 한강 공원에 나와서 행복했다. 다음에도 이렇게 다 같이 시간을 보냈으면 좋겠다.

시각	장미 정원 장미가 빨강, 분홍, 노랑 색깔이 알록달록해서 예뻤다.
청각	와글와글 이야기 나누는 목소리들이 다 즐겁게 들렸다.
후각	편의점 라면 냄새가 너무 좋았다.
미각	한강에서 먹은 라면은 꿀맛이다.
촉각	날씨가 더워서 나무 그늘 아래에서 쉬었다. 바람 때문에 시원했다.
생각이나 느낌	오랜만에 가족들과 한강 공원에 나와서 행복했다. 다음에도 이렇게 다 같이 시간을 보냈으면 좋겠다.

내용이 빈약해 아쉬운 글이 보이면 경우에 따라 생각그물에 위의 질문들을 직접 달아 주며 질문에 답해 보게 한 다음, 다시 한 번 내용을 추가해서 글을 다시 써 오도록 합니다. 처음 쓴 글과 두 번째 쓴 글의 차이가 확연하게 보이면서 학생들도 어떻게 글을 써야 하는지 조금씩 감을 익혀 가게 됩니다.

③ 질문 만들기

무엇을 글로 써야 할지 떠오르지 않을 때 스스로에게 해 보면 좋을 질문을 만들어 보는 활동입니다. 글에 어떤 내용을 담으면 좋을지 고려하며, 내용이 빈약한 한 문장에서 다양한 질문을 파생시켜 봅니다.

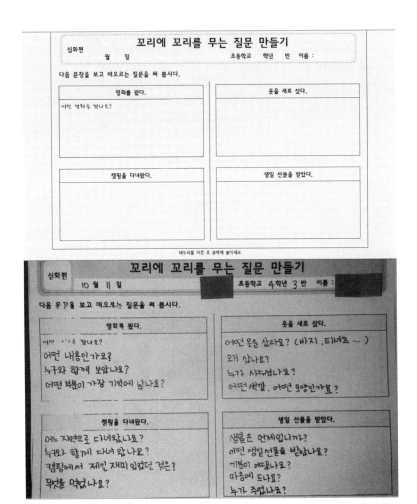

그다음 질문을 공유하며 글쓴이에 따라 같은 상황도 다양한 시선으로 바라볼 수 있음을 경험합니다. 이 활동은 정보가 불충분한 글을 다듬는 퇴고 과정과 비슷하여 퇴고 연습에도 효과적입니다.

| 퇴고_무엇을 고칠까?

글 고치기, 퇴고하기는 글쓰기의 마지막 단계입니다. 교과서 쓰기 단원에도 항상 등장하는 과정인데, 쓰기 단원 중 가장 수업하기 난해한 활동이기도 합니다. 학생들에게 "글을 고쳐 보자."라고는 하지만 어디를 어떻게 고쳐야 하는지 구체적으로 꼬집어 안내하기가 쉽지 않기 때문입니다. 다음은 5학년 교과서에 수록된 고쳐쓰기 활동의 일부입니다.

4. 쓴 글을 다시 한 번 읽고 고쳐 쓸 부분을 찾아 써 봅시다.
(1) 글을 쓸 때 생각해야 할 점을 잘 해결했는지 스스로 평가해 보세요.

구분	평가 기준	평가 결과
내용	글의 주제가 잘 드러났는가?	
	주제와 관련한 내용으로 글을 썼는가?	
조직	글의 구조가 분명하게 드러났는가?	
	글의 내용 전개가 적절하며 글이 잘 마무리되었는가?	
표현	제목이 글 내용과 어울리는가?	
	읽는 사람이 흥미를 느낄 만한 글머리인가?	
	낱말 사용이 적절하며 읽는 사람이 이해할 수 있는가?	
	읽는 사람이 재미있게 읽을 수 있도록 적절한 표현 방법을 사용했는가?	

* 5학년 2학기 국어 〈4. 겪은 일을 써요〉

교과서에 제시되어 있는 자기 평가표 문항은 대부분 학생들 스스로 판단하기 어려운 추상적인 질문들이어서 주관에 따라 평가해야 하기 때문에 스스로 글을 고치는 것에는 한계가 있습니다.

평가표 문항의 대부분은 정성적 평가로 구성되어 있습니다. 예를 들면 '글의 내용 전개가 적절하며 글이 잘 마무리되었는가'라는 항목을 학생 스스로 평가하기란 쉽지 않습니다. '적절한지'와 '잘 마무리되었는지'에 대한 판단 기준이 모호하며, 설명이 충분하지 않습니다. 또 이 항목을 평가하려면 올바른 글의 내용 전개와 글을 올바르게 마무리 짓는 법까지 알고 있어야 한다는 전제가 필요합니다.

친구와 쓴 글을 바꾸어 읽어 보고 친구의 글을 고쳐 보는 활동에서는 학생들 스스로가 올바른 글쓰기 방법에 대한 확신이 없으니, 친구들에게 "잘 썼어.", "글씨 좀 예쁘게 써." 정도의 피상적인 평가에 그치기 일쑤이며, 결국 고쳐쓰기 단계를 거치더라도 글을 고치기 전과 후에 큰 차이가 없어 유명무실한 활동으로 전락하기 십상입니다.

그래서 글을 고쳐 쓰는 활동에서는 학생들이 '어떻게' 고쳐야 하는 것보다는 '무엇을' 고쳐야 하는지에 초점을 맞추어 지도합니다.

① 인터넷 용어, 신조어, 줄임말 등 어법에 맞지 않는 어휘 사용하지 않기

무심결에 튀어나오는 인터넷 용어, 신조어, 줄임말 등은 학생들이 의외로 자주 하는 실수입니다. 심지어 표준말이 아닌 줄 모르고 사용하기도 합니다. 되도록 학생들의 글을 수정하지 않으려고 하지만 이 부분만큼은 학생들이 즉각적으로 수정할 수 있기 때문에 학생들의 글을 살피면서 그때그때 바로 교정합니다.

이미 버릇이 되어 버린 어휘들이라 단기간에 고치기 어려울 때도 있지만 글을 쓸 때만큼은 의식적으로 올바르게 사용하는 습관을 들이도록 합니다.

② 소리 내어 읽어 보기

학생들 수준에서는 문장이 문법적으로 올바른지 하나하나 따져 가며 퇴고하기가 어렵습니다. 대신 글을 쓰고 나서 한 번만 소리 내어 읽어 보면 고칠 부분이 확연히 드러납니다. 소리 내어 읽었을 때 어색하게 느껴지는 지점들이 있다면 거의 수정해야 하는 부분입니다. 특히 주술 호응이 맞지 않는 문장, 중의적 표현으로 의미 전달이 모호한 문장, 길이가 너무 긴 문장 등 눈으로 읽을 때는 잘 보이지 않았던 오류들이 소리 내어 읽어 보면 쉽게 걸러집니다.

사실 소리 내어 읽으며 글을 다듬는 과정은 참 번거롭습니다. 아마 글을 제출하기 전 읽어 보고 고치라고 이야기해도 스스로 실천할 학생들은 별로 없을 겁니다. 그래서 공책을 제출하기 전에 소리 내서 읽고 고칠 시간을 주기도 합니다.

③ 다시 쓰기

교사의 피드백을 받더라도 학생이 스스로 기억하고 의식적으로 고치려고 노력하지 않으면 비슷한 실수를 반복하게 됩니다. 실수를 반복하는 학생들은 그다음 주에 새로운 글감으로 글을 쓰지 않고 피드백 내용을 반영하여 썼던 글을 고쳐 써 보도록 합니다. 고쳐 써 보면서 피드백 내용을 자신의 것으로 소화시키도록 하기 위해서지요. 글 내용을 발전시켜야 하는 학생들, 글의 형식을 어려워하는 학생들 모두에게 효과적인 방법입니다. 다시 써 온 후에는 처음 쓴 글과 다시 쓴 글을 비교해 보며 어떤 부분이 좋아졌는지 살펴봅니다.

학생들이 글 전체를 수정하기 어려워한다면 한 문단 정도만 다시 써 보게 해도 좋습니다. 다시 쓰기의 핵심은 처음 쓴 글과 고쳐 쓴 글을 비교해 보며 학생 스스로 수정 전후의 차이를 느껴 보는 것입니다.

④ 체크리스트 활용하기

글쓰기가 어느 정도 익숙해지면 학생들에게 체크리스트를 나누어 줍니다. 글을 잘 쓰고 싶다는 욕심이 생긴 학생들이나 조금만 손을 봐 주면 완성도 높은 글이 나올 가능성이 보이는 학생들에게 이정표를 제시해 주는 셈이죠.

글을 첨삭하고 다시 돌려주면 피드백을 보면서 고개를 갸우뚱하는 학생들이 있습니다. 피드백 중 무언가가 이해가 안 된다는 신호입니다. 같은 실수를 반복하는 학생들은 코멘트를 달거나 빨간펜으로 교정부호를 표시해서 돌려주더라도 잘 고쳐지지 않는 경우가 대부분입니다. 그 부분이 왜 잘못되었는지 이해가 되지 않거나 혹은 어떻게 고쳐야 할지 방법을 알지 못해서입니다.

체크리스트는 '선생님은 이러한 기준을 가지고 글을 첨삭한다.'라는 것을 알려 주기 위한 것입니다.

다음 체크리스트는 실제로 3학년 학생들과 글쓰기를 했을 때 활용하기 시작했던 체크리스트입니다. 사실 학생들에게 일일이 코멘트하기가 너무 힘들어서 학생들이 자주 범하는 실수들 위주로 만든 것이기도 합니다.

체크리스트의 항목은 절대적인 것이 아니며 최소한 이것만이라도 지켜서 쓰자는 간절한 소망을 담은 것들입니다.

날짜 : 월   일   요일

☑ 내가 쓴 글을 스스로 점검해봅시다.

☐ 글의 제목을 썼나요?

☐ 생각그물 개요대로 문단을 나누었나요?
  *문단이 나누어져 있지 않으면 교정부호로 문단 나누기

☐ 문단 안에 중심문장과 뒷받침문장이 드러나나요?
  *중심문장은 색깔 펜으로 밑줄 긋기

☐ 한 문단 안에 어울리지 않는 문장은 없나요?
  (☐1문단   ☐2문단   ☐3문단)

☐ 문장의 끝이 '~다.'로 끝나나요? ('~요.''~입니다.'는 X)

☐ 공책 한 줄의 끝에서 끝까지 문장을 채워서 썼나요?

☐ 글의 분량은 적절한가요? (문단별 3줄 이상)

☐ 글씨를 바르게 썼나요?

〈다음 글을 쓸 때에는...〉

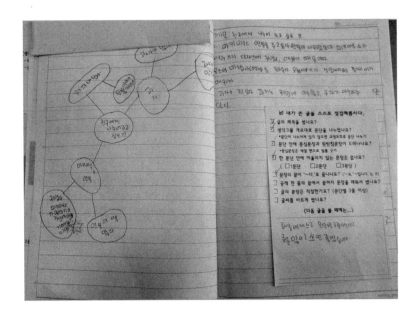

체크리스트는 학급 학생들이 공통적으로 놓치는 부분으로 파악되신 항목들을 자유롭게 추가 또는 수정하셔서 사용하시면 좋습니다. 예를 들어 '공책 한 줄의 끝에서 끝까지 채워서 썼나요.' 라는 항목은 공책 줄을 다 채워 쓰지 않고 3분의 2 정도만 쓰고 줄을 바꿔서 쓰는 학생들이 꽤 많아 만든 항목이었습니다. 학급 맞춤형 체크리스트로 때에 따라 항목을 추가하기도 하고 삭제하기도 합니다.

이 체크리스트는 글쓰기 과제를 줄 때마다 공책의 한 쪽 페이지에 붙여 줍니다. 글을 쓰는 과정 중에도 참고하고 제출하기 전 스스로 체크해 보도록 합니다.

마지막 〈다음 글을 쓸 때에는〉 칸은 선생님의 피드백을 보고 다시 한 번 자신의 글을 고쳐 보라는 의미로 만든 것입니다.

가급적이면 학생들이 본인 글을 스스로 고쳐 보게 합니다. 같은 실수가 반복될 때나 글의 형식이 제대로 잡히지 않을 때만 첨삭해 줄 뿐, 학생들의 생각이나 감정이 담긴 부분은 손대지 않습니다.

　스스로 글을 쓰고 스스로 글을 고치는 것은 성인들도 쉽지 않은 과정입니다. 또, 고쳐쓰기는 글쓰기 단계 중 많은 시간이 걸리는 단계이기도 하고 글쓰기 전체 과정 중 학생들이 가장 낯설어 하는 부분이기도 합니다. 완벽하게 글을 고치기보다는 학생들에게 구체적이고 실제적인 평가 기준을 제공하여, 학생들이 어떤 부분에 초점을 맞추어 글을 다듬어야 할지 방향을 찾아 나갈 수 있도록 합니다.

아는 것도 꿰어야 보배, 배경지식 활용하기

매일 먹는 밥이지만 삼시 세끼 밥만 먹다 보면 가끔은 지겨울 때가 있지요. 그래서 저는 다양한 메뉴가 나오는 수요일 급식을 가장 좋아합니다. 학생들도 매주 글을 쓰다 보면 글쓰기에 익숙해지기는 하지만, 어느 순간 글쓰기에 루틴이 생겨 버려 자가복제한 듯한 글을 마구 써내기 시작합니다. 글이 비슷한 패턴으로 흐르는 현상이 굳어지는 것을 방지하기 위해, 수요일 급식 같은 색다른 글쓰기 활동을 간간이 진행합니다. 경우에 따라서 어떤 주에는 글을 쓰지 않고 대신 활동지 한 장씩을 과제로 내주기도 합니다.

학생들의 글쓰기에 관심이 있으신 선생님들 대부분은 학생들이 '창의적인 글'을 쓰기를 바라실 겁니다. '창의적인 글'이란 무엇일까요? 개성 넘치는 참신한 글 정도로 정의 내릴 수 있을 것 같은데요. 학생들과 단계별 글쓰기 연습을 꾸준히 하다 보면 어느 순간 학생들이 그럭저럭 글을 쓰기는 하지만 자신의 개성이나 색깔을 확 살리지 못해 밋밋할 때가 많습니다. 그렇다면 창의성이란 무엇이고, 창의적인 글을 학생들로부터 어떻게 이끌어 내야 할까요?

혁신적인 아이디어로 세상을 놀라게 했던 애플의 영원한 수장 스티브 잡스는 창의성을 다음과 같이 설명합니다. 스티브 잡스의 인터뷰를 보면 창의적인 글을 쓰게 하기 위해 학생들과 어디서부터 시작해야 할지 실마리를 얻을 수 있을 것 같습니다.

창의력이란 그저 여러 가지를 연결해 내는 것입니다. 만약 창의적인 사람들에게 그것을 어떻게 했는지 물어본다면 그들은 죄책감을 조금 느낄 것입니다. 왜냐하면 그들이 무언가를 특별히 했다기보다는, 그들은 그저 들여다보면 얼마 지나지 않아 그 방법이 너무나 당연하게 보이게 되기 때문입니다. 그들은 그들의 경험들을 연결시키고 또 새로운 것들과 합성해 낼 수 있었습니다. 그리고 그것들이 가능했던 이유는 그들은 다른 사람들보다 더 많이 경험해 보았고 그들의 경험들에 대해 더 많이 숙고했기 때문입니다.

그러나 안타깝게도 그것은 흔치 않은 일입니다. 우리 업계에서 일하는 많은 사람들은 경험을 다양하게 가지지 못하고 있습니다. 그래서 그들은 연결할 만한 충분한 지점들을 가지지 못하다 보니 넓은 관점에서 문제를 살피지 못하고 1차적인 해답만 내놓을 뿐입니다. 경험에 대해 폭넓게 이해할수록 더 좋은 디자인이 나옵니다.

스티브 잡스는 창의성의 핵심을 '경험'으로 꼽습니다. 경험이 많으면 자연스럽게 창의적인 사고가 이루어진다고 합니다. 결국 글도 사고 과정에 대한 결과물이기 때문에 투입이 있어야 하니 이 투입을 '경험'이라는 비슷한 맥락으로 설명할 수 있을 것 같습니다.

학생들이 글을 쓸 때 연결 지을 수 있는 '경험'들은 거창한 무언가라기보다는 모든 삶의 순간에 스며들어 있는 감정과 생각, 직접 몸으로 부딪쳐 본 체험 등이 될 수 있습니다. 거기에 덧붙여 빼놓을 수 없는 것은 바로 '독서'입니다. 그 누구도 세상의 모든 경험을 직접 해낼 수는 없습니다. 대신 독서로는 얼마든지 간접경험이 가능합니다. 그러다 보니 확실히 책을 많이 읽은 학생들은 연결시킬 경험이 풍부해서인지 글도 깊이가 남다르다고 느껴질 때가 많습니다.

부지런히 '경험'이라는 구슬을 만들도록 도와주고, 가지고 있는 경험들을 구슬 꿰듯 작품으로 엮어 내는 작업을 거드는 것이 글쓰기 활동에서 교사의 역할이 아닐까요. 학생들과 학교 울타리 안에서 가능한 새로운 것들을 많이 시도해 보는 편입니다. 그 시도가 성공이든 실패든 학생들에게는 분명 새로운 자극으로 다가갈 것이라는 믿음 때문입니다. 학생들과 새로운 세상으로 한발씩 향하며 새로운 시각으로 세상을 바라보려고 합니다.

사전 정보 또한 간접경험의 일종으로 창의적인 글을 쓰기 위한 중요한 재료입니다. 정교한 플롯과 실감 나는 심리 묘사로 많은 독자들에게 사랑받는 정유정 작가는 소설을 쓰기 전에 하는 사전 조사에 대해 이렇게 이야기합니다.

"개를 화자로 내세우려면, 개가 되어야 한다. 이 문제를 해결하려면 개에 대해 공부하는 수밖에 없다. 이 일을 두려워하거나 귀찮아하면,

이야기가 두루뭉술하게 서술될 수밖에 없다."

글 실력이 아무리 좋아도 주제에 대한 정보가 충분하지 않다면 알맹이 있는 글이 나올 수 없습니다. 사전 지식이 별로 없다면 글 또한 허공에서 맴도는 듯 공허한 느낌이 들 겁니다. 그렇기 때문에 글을 쓰기 전 글감에 대한 조사나 학습이 필요합니다.

글을 쓰기 위해 필요한 배경지식은 사회 이슈일 수도 있고 인물의 업적일 수도 있고 새로운 과학기술일 수도 있습니다. 그리고 이때 활용할 수 있는 자료 형태는 다양합니다. 책 일부 내용을 발췌할 수도 있고, 신문 기사, 뉴스, 다큐멘터리 등을 활용할 수도 있습니다.

사회 이슈를 다룰 때에는 주로 신문 기사를 활용하는데, 흔히 잘 알려진 'NIE Newspaper In Education 활동'이라고 하면 익숙하실 겁니다. 읽을 거리를 주고 몇 가지 물음에 답을 하며 이슈에 대한 스스로의 입장을 정리하게 합니다. 영상 자료를 활용할 경우에는 영상 자료를 본 다음 견해를 정리할 수 있는 물음을 활동지 형태로 제공합니다. 내용 이해를 확인하는 수렴적인 질문과 자신의 생각을 정리할 수 있는 확산적 질문에 답하며 글에 담을 아이디어를 정리한 다음 생각그물로 개요를 짜고 글을 씁니다. 사회 이슈를 고를 때에는 정치적으로 편향된 관점을 배제하고 중립적인 관점에서 사안을 안내합니다.

다루려는 주제가 학생들의 일상과 관련 있을수록, 학생들은 한층 더 몰입하여 깊이 있는 글을 씁니다. 활동지 문항은 학생들이 논제를 다각도로 바라볼 수 있도록, 도출될 수 있는 쟁점들을 바탕으로 구성합니다. 학생들은 물음에 답하며 자신의 입장을 정리합니다.

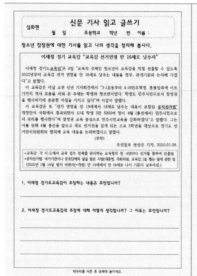

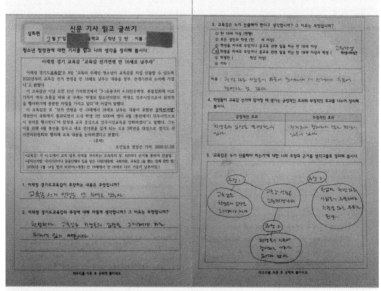

문항 구성에 따라 주제에 접근하는 방향, 깊이, 폭이 달라지다 보니 접근하기 어려운 주제일수록 신중하게 문항을 구성해야 합니다. 학생들은 정리한 의견을 바탕으로 글을 쓰고, 때로는 글을 쓰기 전 친구들과 의견을 공유하는 시간을 가지기도 합니다.

열 문장 안 부러운 잘 고른 단어 하나,
다양한 어휘력

　　50만 개가 넘는 우리말 어휘 중에서 대화를 하거나 글을 쓰고 읽을 때 사용하는 일상 어휘는 아주 한정적이라고 합니다. 그러다 보니 알고는 있지만 평소에 사용하지 않는 단어가 많습니다. 잘 안 쓰던 단어를 어쩌다 한 번씩 사용하려면 문맥에 어울리는지 긴가민가하기도 하고 미묘한 어감 차이로 혼동되기도 합니다. '간섭과 참견', '기억과 추억', '모습과 모양'처럼 비슷하지만 각각 다른 뜻을 지니고 있는 단어들처럼 말이죠. 어휘력은 주기적으로 갈고닦지 않으면 무뎌지는 칼날과 닮았습니다.

　　언어는 연속적으로 이루어져 있는 세계를 불연속적으로 분절하여 이름 붙이는 역할을 합니다. 이를 '언어의 분절성'이라고 합니다. 비슷한 어휘를 하나의 범주로 묶거나 어휘와 어휘 사이의 경계를 구분하는 감각을 일깨울수록 학생들의 언어적 표현은 구체적이고 명확해집니다. 따라서 추상적인 세계를 뭉뚱그리지 않고 그 단어에 어떤 뜻이 있는지 섬세하게 살펴본 후, 그 자리에 꼭 맞는 단어를 찾느라 고심해 보면서 언어 감각을 조금 더 예리하게 만드는 연습이 필요합니다.

우리말 어휘는 상징어, 감각어, 색채 표현 등이 발달하였고, 자음이나 모음 음운교체에 따라 어감의 차이를 보이기도 합니다. 어휘를 익히는 활동에서는 이러한 우리말 특징과 묘미를 경험해 볼 수 있도록 활동을 구성합니다. 또 평소 무심결에 사용하는 단어를 곱씹어 보거나 전혀 사용할 일 없는 단어를 떠올려 보는 시간을 가지기도 합니다. 어렴풋이 알고는 있었지만 그 의미나 활용이 모호했던 어휘를 직접 사용해 봄으로써 어감을 느끼고 어울리는 맥락을 찾아보는 경험을 통해 어휘의 폭을 넓고 깊게 확장시킵니다.

글을 쓰다가 어울리는 말이 떠오르지 않아 몇 시간 고민을 하다가도 그 자리에 꼭 알맞은 단어를 찾아 넣었을 때 딱 맞아떨어지는 쾌감은 짜릿합니다. 상황과 분위기에 따라 그 순간을 관통하는 어휘 하나가 주는 힘은 열 문장으로 서술해 놓은 장황한 서술보다 더 큰 울림을 주기도 합니다.

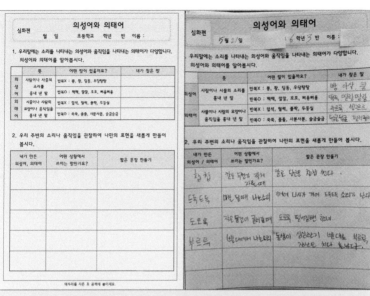

의성어와 의태어 형성 원리를 알고 의성어와 의태어를 새롭게 창조해 보는 활동입니다.

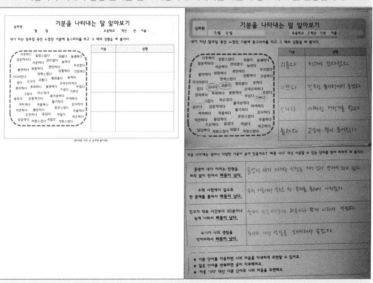

'짜증나다'로 뭉뚱그려진 기분 상태를, 다른 감정 어휘로 표현해 보면서 감정을 세분화합니다.

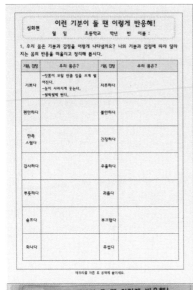

감정 표현을 신체 반응으로 묘사해 보는 활동입니다. 예를 들어 '슬프다' 대신 '눈물이 난다'로 표현해 봄으로써 처한 상황을 실감 나게 묘사할 수 있습니다.

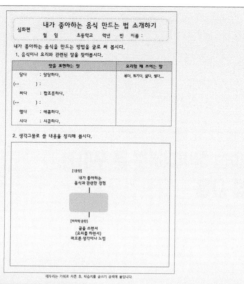

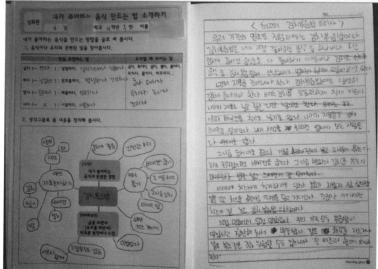

요리 상황에서 사용하는 어휘를 찾아보고 과정을 설명하는 글쓰기 활동입니다. 특정 상황에 쓰이는 어휘를 접해 보기 위함이며, 청소하기, 식물 가꾸기 등 다양한 상황으로 설정해 쓸 수 있습니다.

반짝이는 아이디어로 글 꾸미기,
수사법 사용

요리를 하다 보면 분명 레시피를 잘 따라 한 것 같은데 뭔가 음식 맛이 허전하다고 느껴질 때가 있습니다. 그러면 장금이에 빙의해서 여러 번 맛을 보고 무엇이 부족한지 곰곰이 고민하다가 소심하게 참기름을 한 방울 똑 떨어트려 보거나 소금이나 설탕 한 꼬집을 솔솔 뿌려 봅니다. 티도 안 날 만큼 조금 넣었는데도 신기하게 음식 맛이 확 살아납니다. 마찬가지로 글을 쓰다 보면 분명 글 속에 들어갈 만한 내용들이 다 들어간 것 같은데도 뭔가 모르게 심심할 때가 있습니다. 이때 다양한 표현 기법이 글의 맛을 확 살려 주는 양념 역할을 합니다.

글맛을 살리는 기법들은 다양한데 그중에서도 수사법에 대해 살펴보겠습니다. '수사법'이란 정교하고 아름다운 표현을 위하여 꾸미는 표현 기법이라고 정의됩니다. 고등학교 문법 시간쯤 어렴풋이 들어 본 기억은 있는데 솔직히 그리 친숙하지는 않으실 것 같습니다. 예시를 보면 분명 "아, 그거! 뭔지 알겠네." 하실 겁니다. 수사법을 대표하는 직유법과 은유법은 가장 익숙하고 또 흔히 사용되는 기법이라 이 두 가지는 초등 국어 교과에서도 학습합니다. 이 직유법과 은유법 이외에도 수사법은 다양한데 그 종류와 예시를 살펴보고 이를 학생들과 어떻게 연습해 보면 좋을지 살펴보겠습니다.

수사법의 종류

표현 방법	기 능	종 류	
강조법	표현하려는 내용을 뚜렷하게 나타내어 읽는 이에게 뚜렷한 인상이 느껴지도록 하는 표현법	과장법	어떤 사물을 실제보다 훨씬 더하게, 또는 훨씬 덜하게 나타내는 방법 ex) 눈물의 홍수, 쥐꼬리만 한 월급
		반복법	같거나 비슷한 어구를 되풀이하여 문장의 의미를 강조하는 표현 방법 ex) 산에는 꽃 피네. 꽃이 피네
		점층법	같거나 비슷한 어구를 겹쳐 써서 문장의 뜻이 점점 강조되고, 커지고, 높아지게 하여 독자의 감흥을 고조시켜 절정으로 이끄는 표현법 ex) 신록은 먼저 나의 눈을 씻고, 나의 가슴을 씻고, 다음에 나의 마음의 모든 구석구석을 하나하나 씻어 낸다.
변화법	단조로움을 없애고 문장에 생기 있는 변화를 주기 위한 표현법	설의법	대답을 전제로 하는 것이 아니라 수사학적 효과만을 노리는 질문의 형식 ex) 빼앗긴 들에도 봄은 오는가?
		돈호법	어떤 추상적 특성이나 현재 존재하지 않는 인간을 마치 현재 존재하듯이 부르는 표현법 ex) "오! 그대 신이여, 이들을 굽어 보소서."
		대구법	어조가 비슷한 문구를 나란히 벌여 문장에 변화를 주는 표현법 ex) 낮말은 새가 듣고 밤말은 쥐가 듣는다
		도치법	보통 쓰는 서술의 순서를 거꾸로 배치하여 문자에 정서의 환기와 변화감을 유발하는 표현법 ex) 보고 싶어요, 붉은 산이. 그리고 흰옷이⋯ (김동인 〈붉은 산〉)

		직유법	상사성이나 유사성을 토대로 두 사물을 비교하는 표현법 ex) 전봇대처럼 키가 큰 오빠
비유법	표현하려는 대상을 다른 대상에 빗대어 나타내는 표현법	은유법	비상사성 속에서 상사성을 인식하는 정신 행위 ex) 내 마음은 호수
		환유법	접촉성에 토대를 두고 한 사물을 다른 사물로 치환하는 표현법. 공간적 접촉과 논리적 접촉으로 구분함. ex) 공간적 접촉 : '왕관'으로 '왕'을 대신함. 논리적 접촉 : '이광수'가 '이광수의 소설'을 대신함.
		제유법	부분과 전체의 관계에 토대를 두고 두 사물을 치환하는 표현법 ex) '바다에 돛이 떠 있다'에서 돛이 배를 의미함.
		대유법	사물의 일부나 그 속성을 들어서 그 전체나 자체를 나타내는 비유법 ex) 백의의 천사, 요람에서 무덤까지

이외에도 다양한 기법이 있지만 자주 접하는 수사법 위주로 정리했습니다. 학생들 수준에서 구사하기 어려운 기법도 있지만 과장법처럼 이미 일상생활에서 자연스럽게 사용하는 것들도 있으니 이 기법들 중에서 학생 수준에 맞추어 쉽고 재미있게 따라 할 수 있는 것들을 골라 연습하는 게 좋습니다.

이러한 표현 기법들은 글을 쓸 때 의식적으로 사용하려고 마음먹지 않으면 선뜻 쓰게 되지 않습니다. 특히 학생들에게는 생소하고 다소 추상적인 개념이라 글에 어울리게 적용하는 것도 쉽지 않은 데다, 생각해 내기까지 시간이 오래 걸려 자발적으로 잘 활용하지는 않습니다. 그렇기 때문에 학생들에게 이런 표현 방법들이 있다는 것을 경험해 보라는 의미에서 한 번씩 시도해 봅니다. 글쓰기 과제를 내며 굳이 쓰지 않을 기법을 포함한 글쓰기를 하라는 소소한 미션을 주는 방식으로요. 글감이나 주제에 따라 어울리는 수사법이 달라지기는 하는데 예를 들면 '과장된 표현 2번 쓰기', '인용 문장 ("") 3번 넣기'와 같은 미션을 주는 식입니다.

수사법을 연습할 때에는 글쓰기 과제를 내주기 전에 예시를 보고 연습해 보는 시간을 가집니다. 아무래도 낯선 개념이다 보니 연습 없이 바로 글에 적용하려고 하면 표현 따로 글 따로, 잘 버무려지기 어렵습니다.

이는 글쓰기 3단계쯤 어느 정도 글을 쓰기 시작하면 그 이후에 해봐도 좋습니다. 또, 표현 기법은 어디까지나 글에 활기를 주기 위한 보조적인 수단이니 많은 표현 기법들을 한꺼번에 글 한 편에 녹이려고 하면 오히려 글이 산만해지고 글의 맥락을 흐리는 역효과가 생길 수 있습니다. 수사법을 많이 사용하는 것보다도 중요한 것은 글의 적절한 부분에서 내용과 어우러지는 표현 기법을 사용하는 것이죠.

표현 기법은 한두 번 연습한다고 금방 나오는 것도, 익숙해지는 것도 아니고 또 기계적으로 글에 적용한다고 해서 큰 효과가 있는 것도 아닙니다. 자기 입맛에 맞아야 글을 쓸 때 스스로 먼저 사용하게 됩니다. 그러니 반복되는 글쓰기가 지겨워질 때쯤 새로운 자극이 필요할 때 한 번씩 해 보시면 좋을 것 같습니다. 타성에 젖어 비슷한 패턴으로 반복해서 쓰는 학생들도 틀을 벗어나 평소와 조금 다른 글을 쓸 수 있는 계기가 되기도 합니다. 연습했던 표현 기법이 손에 착 달라붙었다면 앞으로 글을 쓸 때 한 번씩 살짝살짝 사용하게 될 겁니다.

그림 그리듯 글쓰기,
묘사하기

때로는 상황에 어울리는 짤막한 글귀 하나가, 분위기에 어울리는 단어 하나가 장황한 서술보다 큰 울림을 줄 때가 있습니다. 가수 아이유의 노래가 대중들에게 긴 시간 동안 한결같이 사랑을 받아 온 이유는 서정적인 노랫말에서 느껴지는 진솔한 마음이 아닐까 싶습니다. 그래서 그런지 노래를 듣고 있자면 마치 옆에서 속마음을 옮겨 놓은 일기장을 나직하게 읽어 주는 듯한 기분이 듭니다. 노래에 등장하는 '연구름', '밤편지', '조각잠', '구름을 세로질러' 와 같은 가사가 새롭게 만들어 낸 표현이라는 일화는 잘 알려진 이야기입니다. 이런 표현들은 가사를 위해 새롭게 만들어 낸 것이지만 별다른 설명 없이도 어떤 의미인지 정확하게 와닿아 노래의 분위기를 한층 더 돋우어 주는 역할을 합니다. 표현할 적절한 언어가 없을 때에는 새롭게 창조해 나가기도 한다는 언어의 창조성을 보여 주는 예입니다. 또, '봄 몇 송이, 여름 한 컵, 가을 한 장, 겨울 한 숨'이라는 짤막한 문구로 사계절을 표현한 가사를 들을 때면 꽃이 흩날리는 봄 풍경, 더위에 지쳐 시원한 물 한 컵을 들이키는 여름의 한 자락, 사색에 잠겨 책을 읽는 모습, 겨울 추위에 입김이 후 나오는 장면이 절로 연상됩니다.

묘사는 대상의 관찰에서 시작됩니다. 대신 뻔한 묘사로 그치지 않으려면 일상의 것들을 새로운 시선으로 바라보아야 합니다. 처음부터 독특한 표현을 찾는 것에 초점을 맞추기보다는 들어간 힘을 빼고 진솔하게 있는 그대로 표현하는 연습이 필요합니다. 일상과 동떨어진 표현은 독자의 공감을 얻기 어렵습니다. 그래서 흔히 접하는 일상의 소재를 자신만의 시선으로 관찰하고 자신만의 언어로 표현해 보는 활동을 합니다. 빨강, 노랑 대신 '잘 익은 사과 한 알', '나리 나리 개나리'와 같이 색 이름을 만들고, 1월, 2월 대신 '시작 달', '안녕 달'라고 이름을 지어 봅니다. 또 매일 보는 창문 밖 풍경이나 교실 풍경을 평소와는 다른 방식으로 관찰하고 글을 쓰기도 합니다.
인상적인 장면을 포착하여 한 구절로 나타내는 묘사는 쉽지 않습니다. 한끝 차이로 뻔하고 진부한 표현이 되어 버릴 수 있고 지나친 비약으로 과하고 부자연스러운 느낌이 들기도 합니다. 무엇보다도 새로운 시선으로 일상을 바라보아야 함을 내내 의식하고 있어야 가능한 것이니 학생들이 스스로 연습하기에는 더욱 어렵습니다. 그래서 묘사 활동을 위해서는 교사 또한 일상을 새롭게 바라보며 학생들이 다양한 시도를 해 볼 수 있는 소재를 찾아낼 수 있어야 합니다. 카피라이터의 관찰법, 소설가의 묘사 연습 등을 학생들의 수준에 맞게 적용해 보는 식의 과정이 수월하지는 않지만 학생들이 자기만의 감성 한 숟가락 담을 수 있는 쓸거리가 없는지 주위를 둘러보게 됩니다.

　다음은 흰색, 검정색이 아닌 '새하얀 도화지', '깜깜한 밤'과 같은 화장품 제품명에서 착안한 활동입니다. 기존 색상명 대신 나만의 표현으로 색상에 이름을 붙여 봅니다.

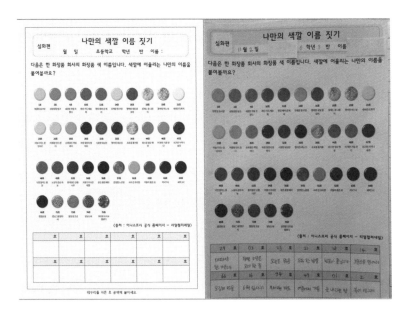

　다음은 '1월', '2월' 대신 자연의 변화와 같은 각 계절의 특성을 살려 특색 있는 달 이름을 만들어 보는 활동입니다.

우리말 달 이름 만들기

심화편   일   일   초등학교   학년 반 이름 :

환경운동 단체 '녹색연합'에서는 〈우리말 달 이름 쓰기〉 운동으로 한자 대신 우리말로 된 달 이름을 만들어 부르기 시작했다고 합니다. 우리 반만의 의미 있고 예쁜 이름을 만들어볼까요?

	이름	의미	내가 붙인 이름	이유
1월	해오름 달	새해 아침에 힘 있게 오르는 달		
2월	시샘 달	잎샘 추위와 꽃샘추위가 있는 겨울의 끝 달		
3월	물오름 달	뫼와 들에 물 오르는 달		
4월	잎새 달	물오른 나무들이 저마다 잎 돋우는 달		
5월	푸른 달	마음이 푸른 모든 이들의 달		
6월	누리 달	온 누리에 생명의 소리가 가득 차 넘치는 달		
7월	견우직녀 달	견우직녀가 만나는 아름다운 달		
8월	타오름 달	하늘에 해가, 땅 위에서는 가슴이 타는 정열의 달		
9월	열매 달	가지마다 열매 맺는 달		
10월	하늘연 달	밝달뫼에 아침의 나라가 열린달		
11월	미름 달	가을에서 겨울로 지달는 달		
12월	매듭 달	마음을 가다듬는 한 해의 끄트머리 달		

테두리를 자른 후 공책에 붙이세요.

우리말 달 이름 만들기

심화편   5 월 11 일   6 학년 3 반 이름 :

환경운동 단체 '녹색연합'에서는 〈우리말 달 이름 쓰기〉 운동으로 한자 대신 우리말로 된 달 이름을 만들어 부르기 시작했다고 합니다. 우리 반만의 의미 있고 예쁜 이름을 만들어볼까요?

	이름	의미	내가 붙인 이름	이유
1월	해오름 달	새해 아침에 힘 있게 오르는 달	다짐달	새로운 한 해가 시작되니, 멋지 새로운 목표를 정해야 때문이
2월	시샘 달	잎샘 추위와 꽃샘추위가 있는 겨울의 끝 달	준비달	새 학기를 준비하는 설레임 때문이다.
3월	물오름 달	뫼와 들에 물 오르는 달	시작달	새 학년이 시작되는 달이기 때문이다
4월	잎새 달	물오른 나무들이 저마다 잎 돋우는 달	새싹달	새싹들이 돋아나는 시기이기 때문이다
5월	푸른 달	마음이 푸른 모든 이들의 달	모두달	어린이날, 어버이날, 스승의 날 모두가 있는 달이기 때문이다.
6월	누리 달	온 누리에 생명의 소리가 가득 차 넘치는 달	피어나달	꽃이 많이 피는 달이기 때문이다.
7월	견우직녀 달	견우직녀가 만나는 아름다운 달	중간달	1년의 중간달이기 때문이다.
8월	타오름 달	하늘에 해가, 땅 위에서는 가슴이 타는 정열의 달	태양달	가장 더운 달이기 때문이다.
9월	열매 달	가지마다 열매 맺는 달	거둠달	곡식 거둬하는 달이기 때문이다
10월	하늘연 달	밝달뫼에 아침의 나라가 열린달	물드는 달	단풍이 물들어가는 때문이다.
11월	미름 달	가을에서 겨울로 지달는 달	정리달	다음 한해를 위한 정리를 하는 시간이기 때문이다
12월	매듭 달	마음을 가다듬는 한 해의 끄트머리 달	마무리달	1년의 마지막이기 때문이다

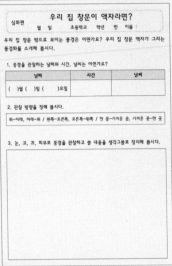

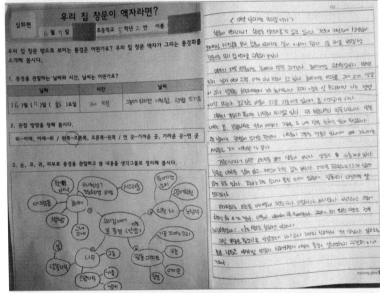

시선을 고정하여 관찰하기

사진을 찍듯 시선을 고정한 채로 창문 밖 풍경을 묘사해 보는 활동입니다. 창문 밖 풍경이 움직이지 않는 풍경화라고 생각하며 서술합니다.

시선을 움직이며 관찰하기

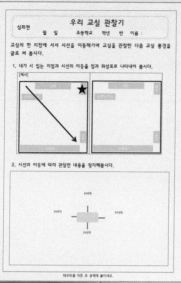

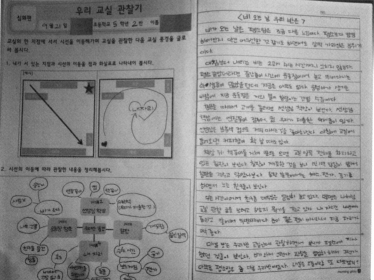

동영상을 찍듯 시선을 움직이며 교실 풍경을 묘사해 보는 활동입니다. 영상을 촬영하는 감독이 되었다고 생각하며 동선을 정하고 이동 방향에 따라 교실 풍경을 서술합니다.

좋은 글 발굴하기

    글을 잘 쓰고 싶다는 마음이 간절하던 시절, 글을 잘 쓰는 데에는 필사만한 것이 없다는 말을 듣고는 무작정 필사를 시작했습니다. 툭툭 치고 나가는 간결한 호흡을 익히고 싶었던 때에는 〈칼의 노래〉를, 그림 그리듯이 글을 쓰고 싶었던 시절에는 〈유년의 뜰〉과 〈무진기행〉을 두꺼운 스프링 공책에 연필로 꾹꾹 눌러 쓰곤 했습니다. 필사를 하기 전에는 단어 하나하나, 표현 하나하나를 한 자 한 자 찬찬히 짚으며 읽어 내려간 적이 거의 없었는데, 손목이 뻐근해질 때까지 몇 시간이고 필사하고 있자면, 스륵스륵 넘겨가며 눈으로만 독서하던 때에는 미처 보이지 않던 것들이 하나둘 들어오기 시작하며 명작의 아우라가 느껴집니다.

    학생들은 주로 줄거리에 집중하여 독서하다 보니 꽤 두꺼운 책들도 하루 이틀이면 후루룩 읽어 버립니다. 학생들과 좋은 글을 쓰자고는 하지만 정작 학생들은 좋은 글을 천천히 음미하며 읽어 본 적이 몇 번이나 있을까 싶었습니다. 또 자신이 읽었던 글 중 "이건 정말 마음에 와닿아."라고 하며 좋은 글을 꼽을 수 있을지 의문이 들었습니다.

그래서 종종 학생들과 좋은 글을 찾아 읽어 보는 시간을 가집니다. 도서실을 활용하기도 하고 과제를 내기도 합니다. 활동은 간단합니다. 가장 잘 썼다고 생각하는 글을 찾아서 글쓰기 공책에 옮겨 써 본 다음 소리 내어 읽으며 발표해 봅니다. 이때 그 글이 왜 잘 쓴 글이라고 골랐는지 이유까지 생각하는 것이 중요합니다. 이유를 찾는다는 것은 좋은 글에 대한 자신만의 기준을 찾아가는 과정이기 때문입니다. 글은 신문 기사, 칼럼, 시, 에세이, 노래 가사, 소설의 한 장면 등 어떠한 형태의 글이든 전부 허용합니다. 이렇게 각자 찾아온 좋은 글을 공유하는 시간은 꼭 가집니다. 같은 글을 함께 읽다 보면 학생들은 독자에 따라 글을 보는 관점이 서로 다르다는 것을 경험할 수 있습니다. 더 나아가 글에서 아쉬운 점을 찾고 나라면 이렇게 쓸 것 같다고 비평해 보는 방향으로까지도 진행할 수 있습니다.

학생들이 글을 탐색하기 전에는 먼저 교사가 생각하는 좋은 글을 뽑아 같이 읽어 봅니다. 좋아하는 작가나 좋아하는 글은 많지만 학생들과 공유해야 하다 보니 되도록 주관적인 취향이나 특정 색깔이 진한 글은 피하려고 합니다.

저는 이때 손석희 앵커가 JTBC 뉴스룸을 진행하던 시기의 뉴스룸 2부 도입 〈앵커 브리핑〉 코너를 자주 인용했습니다. 〈앵커 브리핑〉은

3분 정도 되는 짤막한 시간 동안 정치, 종교, 언론, 환경, 인권, 사회 이슈 등을 앵커의 관점에서 전하는 코너입니다. 가벼운 일상 소재로 이야기가 시작되지만 마지막에는 묵직한 메시지를 전달합니다. 딱 필요한 정도의 절제된 비유를 사용하는 담백한 어조, 인문학적 접근으로 주제를 다각도로 풀어내는 매끄러운 스토리텔링으로 이야기의 처음부터 끝까지 시청자를 빨아들이는 힘이 강했습니다.

당시 뉴스룸은 언론의 역할이 문제 제기로만 그치지 않고, 그 이슈에 꾸준히 관심을 가짐으로써 사회에 선한 기여를 할 수 있다는 신념을 지켜 내며 사회적 변화를 이끌어 내려 했던 어젠다 키핑Agenda Keeping을 추구했다고 합니다. 진정성이 시청자들에게 전달되었기 때문이었는지 당시 신생 언론이었던 JTBC의 뉴스룸은 단시간 내에 시청자들에게 높은 신뢰도를 얻었고 뉴스 꼭지의 영향력과 파급력이 강했습니다. JTBC 뉴스룸 원고나 사회 이슈를 다룬 신문 사설 등을 발췌하여 학생들과 읽어 보는 활동을 주기적으로 진행합니다. 이때 발췌한 글과 함께 이 글을 좋은 글이라고 생각하는 까닭을 활동지에 담습니다. 학생들은 아직 어떤 글을 좋다고 스스로 판단해 본 경험이 많지 않습니다. 그러다 보니 글을 찾고 선정하기를 어려워할 수 있습니다. 그래서 글을 바라보는 교사의 시선을 간접경험해 볼 수 있게 되도록이면 이유를 상세하게 기재합니다. 글을 읽고 함께 소감을 나눈 후에는 찾은 글을 옮기고 그 이유를 함께 기록합니다. 좋은 글을 찾는 것보다 왜 좋은 글이라고 판단했는지 설명하는 것이 중요합니다. 이유를 설명할 수 있어야 글을 바라보는 나만의 관점이 자리 잡을 수 있기 때문입니다.

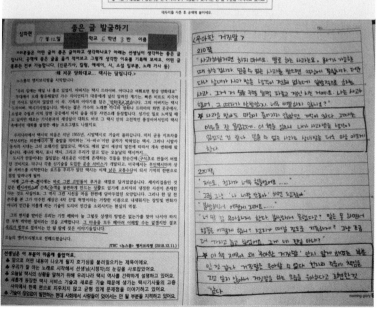

여기서 다루고 있는 활동들을 한두 번 해 본다고 해서 글 실력이 눈에 띄게 향상되지는 않습니다. 하지만 새로운 표현을 만들어 보고 좋은 글을 읽어 보는 경험을 한 것과 안 한 것은 분명히 차이가 있을 것입니다. 이러한 경험들이 켜켜이 쌓여 글로 풀어낼 수 있는 지점들이 다채로워지면 학생들의 글은 훨씬 깊고 넓어집니다.

부록

1. 알아 두면 쓸모 있는
글쓰기 지도 팁

2. 학년군별 글쓰기
중점 지도 내용

부록1
알아 두면 쓸모 있는 글쓰기 지도 팁

학생들과 글쓰기를 시작한 첫 해, 원대한 포부를 가지고 야심 차게 시작했지만 의욕만 앞선 채로 요령 없이 덤벼들었다 나가떨어져 결국 활동 전체가 흐지부지 끝나 버린 적이 있습니다. 교사로서 열심히 한다고는 했지만 학생들과 활동하며 예상치 못한 난관에 부딪치면서 어떻게 대처해야 할지 몰라 쩔쩔 매기 일쑤였습니다. 해답을 찾지 못하고 글쓰기 지도에 점점 자신감을 잃다가 결국 겨우 확인 도장만 찍어 주며 막을 내리곤 했습니다.

지금까지도 글쓰기 활동을 해 나가면서 가장 곤란한 점 중 하나는 '이런 상황에서는 어떻게 해야 하지?'라는 의문이 들 때 답을 찾기가 어렵다는 것입니다. 특히 누군가에게 물어보기에는 사소한 고민이라 여겨지면 괜히 민망해져서 더욱 답을 구하기가 어렵습니다.

지금 이 순간에도 글쓰기를 지도하면서 여러 가지 고충에 처하신 선생님들이 계실 텐데 그중에서도 많은 선생님들께서 한 번쯤 고민해 보셨을 법한 상황이나 너무나 사소해서 어디에 물어보기에는 애매했던 상황들, '이럴 때 어떻게 해야 하나' 싶을 때 써먹은 효과적이었던 방법과 경험을 나누고자 합니다.

Q1. 학생들의 글쓰기 실력이 향상되는 데 기간은 얼마나 걸리나요?

A. 글쓰기는 꾸준함이 필요하고 학생들의 향상 속도는 천차만별입니다.

학생들이 글을 써 나가는 1년을 몇 년 간 지켜보니 학년을 막론한 공통점을 발견했습니다. 학생들의 향상 속도는 예상보다 꽤 느리고 학생들 간 차이는 하늘과 땅 차이라는 것입니다.

글쓰기는 그 어떤 분야보다도 능숙해지기까지 시간이 꽤 많이 드는 분야라고 생각합니다. 특히 학생들에게는 글을 쓰기 전에 생각을 정리하는 것이나 글을 쓰는 과정 자체가 낯설기 때문에 몇 번 써 보는 것만으로는 실력이 금세 향상되지 않습니다. 결국 글쓰기는 '장기전'입니다. 게다가 학생들마다 향상 속도가 제각각이기 때문에 저 스스로부터 조급해지지 않으려고 합니다. 한 번에 많은 것을 하려고 하기보다는 조금씩 꾸준히 글쓰기를 해 나가려고 합니다. 그래서 저희 반 글쓰기 활동은 일주일에 한 편을 과제로 써 오기가 전부입니다. 가끔씩은 글을 쓰지 않고 활동지 한 장으로 대체하기도 하면서 학생들이 부담을 가지지 않는 선에서 거르지 않고 꾸준히 할 뿐입니다.

꾸준히 운영해 나가는 교사의 지구력이야말로 글쓰기 활동을 크게 좌우합니다. 교사가 지치면 활동은 원동력을 잃어버리니까요. 그래서 되도록 스트레스나 부담이 생기지 않는 선에서 할 수 있을 만큼만 하는 것이 좋습니다. 만약 학생들을 지치게 하는 무언가가 있다면 과감하게 포기하기도 합니다.

교사에게는 매년 1년이라는 긴 시간이 주어진다는 것이 가장 큰 무기입니다. 주어진 시간 동안 지금 자리에서 한걸음이라도 나아간다면 향상된 것이니 화려한 성과를 보려고 서두를 필요는 없습니다. 오늘 못하면 내일 하면 됩니다.

제가 글쓰기 초창기에 간과한 것 중 하나는 1년보다 더 많은 시간이 필요한 학생도 있을 수 있다는 점이었습니다. 1년 내에 향상되는 것을 보려고 학생들을 채근한 것 또한 제 욕심이었을지 모릅니다. 1년 안에 눈에 보일 만한 성과가 없었던 학생일지라도 분명히 선생님과의 시간이 씨앗이 되어 때가 되면 글 실력이 아름드리 나무처럼 무럭무럭 커 갈 수도 있을 겁니다. 그러니 1년 내에 모두를 변화시켜야 한다는 부담을 내려놓으시고 당장 가시적인 변화가 없다고 해서 좌절하지 않으시기를 바랍니다. 학생들과 글쓰기를 해 나가는 시간은 씨앗을 심는 작업이라고 생각합니다. 지금 당장 눈에 보이지는 않지만 학생의 내면은 분명 단단하게 자라고 있을 겁니다.

Q2. 학급 안에서 학생들 간 수준 차이가 너무 커서 고민입니다.

A. 학생들의 시작점이 다름을 인정해 주세요.

수정해야 할 부분을 짚어 주면 그다음 주 글에서부터 바로 개선되는 학생이 있는 반면, 몇 번을 이야기해도 같은 실수를 반복하는 학생들이 있습니다. 그렇게 어렵지도 않은데 왜 고쳐지지 않는지를 이해하지 못해 답답해 하던 기억이 떠오릅니다.

글쓰기에서의 격차는 일반 교과에서의 학습 격차보다 훨씬 큽니다. 3월 초 한날 한시에 글쓰기를 시작한 학생들도 경험의 폭, 독서량, 어휘력, 배경지식 등에 따라 글 수준은 천차만별입니다. 또, 지도 내용을 이해하고 받아들이는 정도에도 격차가 있기 때문에 같은 활동을 하더라도 글이 늘어 가는 속도가 다 다릅니다. 이미 중·고등학생 수준으로 글을 써 오는 학생들, 감각이 좋아 빠르게 성장하는 학생들, 1년이 다 되어 가도록 제자리걸음인 학생들을 한 교실에서 동시에 목격할 수 있습니다. 개개인의 시작점이나 성장 속도가 다름을 인정하시고 각자의 향상 정도에 초점을 맞추어 활동을 진행하시는 편이 적합합니다.

Q3. 글쓰기 분량은 어느 정도로 정해 주어야 할까요?

A. 학생들의 향상 속도에 따라 분량, 글쓰기 횟수, 생각그물 가지 개수 등을 서서히 늘려 가세요.

잡아당겨 늘어난 고무줄이 손 놓으면 바로 돌아오는 것처럼 억지로 분량을 늘려 놓은 글은 교사가 손을 놓는 순간 제자리로 돌아옵니다.

터를 다지고 뼈대를 짜는 기초공사는 오래 걸리지만, 한 층 한 층 건물을 쌓아 올리는 데에는 가속도가 붙어서 10층이 20층, 30층 되는 것은 순식간입니다. 글에 생각을 알차게 담는 법을 제대로 익힌다면 억지로 분량을 늘려 가지 않아도 자연스레 글 분량이 늘어납니다.

단계 글쓰기를 시작하면 글 쓰는 시간이 그동안 해 왔던 일기 쓰기나 글쓰기 숙제를 하는 데 걸리는 시간보다 훨씬 더 걸립니다. 생각그물로 생각 정리하랴, 생각그물을 글로 옮기랴, 형식 맞추랴, 중심문장과 뒷받침문장을 색깔로 구분하랴 등등 그전까지는 하지 않았던 새로운 과정들을 더 거쳐야 하기 때문입니다.

가뜩이나 해야 할 것 많은 학생들에게 써야 할 글 분량까지 많이 주어지면 글 내용에 온전히 집중하지 못하고 분량 채우기에 급급해집니다. 분량을 맞추는 데 신경을 쓰다 보면 자연스럽게 내용은 빈약해질 수밖에 없습니다.

글의 기틀이 잡히기 전까지 분량보다 중요한 것은 학생들이 자신의 생각을 글로 얼마나 잘 표현해 내는가입니다. 그래서 단계를 익히는 동안에는 학습 내용을 익히기 위해 필요한 최소한의 글 분량으로 정합니다. 글의 뼈대가 세워지지 않은 상태에서 분량만 늘리려고 하면 불필요한 사족만 더 붙기 마련입니다.

분량은 단계에 따라 설정합니다. 그리고 '한 문단당 세 문장으로 구성하여 세 문단 쓰기'과 같은 식으로 써야 할 문단 수와 문장 수를 구분하여 제시합니다. 글쓰기 단계가 올라감에 따라 문단당 문장 수를 세 문장, 네 문장, 다섯 문장, 문단을 네 문단, 다섯 문단 등등 점진적으로 늘려 나갑니다. 5단계 이후로는 문단과 문장 수 제한 없이 글 전체 기준으로 12줄, 15줄…… 이런 식으로 조금씩 분량을 늘려 갑니다. 그러다 보면 어느새 글의 구성부터 학생 스스로 계획할 수 있는 수준에 이르게 됩니다.

2단계		3~4단계		5단계		5단계 이후
문단	한 문단당 문장 수	문단	한 문단당 문장 수	문단	한 문단당 문장 수	12줄 이상 15줄 이상 …
두 문단 ~ 세 문단	세 문장	세 문단 ~ 네 문단	세 문장 이상	다섯 문단	네 문장 이상	

위의 예시는 절대적인 기준은 아니니 학생들의 수준을 고려하여 조절하시면 됩니다. 다만 한 문단당 문장의 수는 세 문장 정도가 좋습니다. 세 문장 이상으로 설정해야 한 문단을 쓸 때 중심문장과 뒷받침문장 간의 혼동이 덜하기 때문입니다. 문단을 구성하는 문장 수가 2개일 경우, 중심문장과 뒷받침문장이 모호하여 글을 쓸 때 헷갈려 하는 경우가 많습니다.

분량을 단계적으로 서서히 늘려 가면 긴 글도 수월하게 쓸 수 있게 됩니다. 물론 긴 글이 항상 좋은 글이라고 할 수는 없습니다. 하지만 생각을 글로 담을 수 있는 충분한 능력이 생긴 후에 스스로 쓰게 되는 긴 글은 학생들의 생각으로 가득 차 있는 단단한 글일 겁니다. 3월에는 여섯 문장으로 된 글을 쓰던 학생들이 몇 달 후 한 페이지 빼곡히 글을 써내는 자기 자신을 보며 뿌듯해 하는 순간이 곧 찾아옵니다.

Q4. 글 주제를 계속 제시해 주어야 하나요?

A. 직접적이고 제한적인 주제로 시작해서 점차 범위를 넓혀 가세요.

처음 글을 쓰게 되면 학생들은 어떤 내용을 써야 할지 막막해 합니다. 그래서 학생들에게 글감을 제시해 주는데 글쓰기 활동 초반에는 글감을 구체적으로 설정해 주고 점점 익숙해지면 폭넓게 제시합니다.

예를 들어, 초반에는 '양성평등을 실천하는 방법 세 가지'라고 글감을 제시하다가 조금 익숙해지면 '양성평등을 실천하는 방법'으로, 더 익숙해지면 '양성평등'이라고 제시하는 식입니다. '양성평등을 실천하는 방법 세 가지'로 글감을 주면 학생들은 일상생활에서 양성평등을 실천하는 방법만 생각해서 이를 글로 정리하면 됩니다. 여기에서 '세 가지'라고 개수까지 제시한 이유는 세 문단으로 글을 구성하라는 신호입니다. 주로 글쓰기 3~4단계에서 세 문단 글쓰기를 연습할 때 글감을 제시하는 방법입니다.

단계가 올라감에 따라 글감에 제한을 두지 않고 범위를 넓힙니다. 글감이 '양성평등'과 같이 광범위해질 때에는 글의 방향부터 스스로 계획해야 합니다. 양성평등과 관련한 자신의 경험, 양성평등의 의미, 필요성, 양성평등을 실천할 수 있는 방법 등을 떠올리고 쓸 내용을 취사선택하여 글에 담아야 합니다. 이와 같이 범위를 점점 확장하면서 생각도 넓고 깊게 확장할 수 있도록 글감을 제시합니다.

Q5. 형식을 무시하고 글을 쓰는 학생들을 어떻게 지도하면 좋을까요?

A. 글의 형식에 연연하지 않으셔도 괜찮습니다.

여태까지 형식을 갖춘 글을 쓰는 방법을 실컷 살펴보았는데, 갑자기 글의 형식에 연연하지 말라니 모순적으로 들리실 수도 있습니다.

1년 글쓰기 지도 계획을 완성하던 시점쯤 아이러니하게도 자가당착에 빠지는 위기에 처하게 된 적이 있습니다. 저도 모르게 제가 만들어 놓은 틀 안으로 매몰되어 정작 가야 할 목표 지점을 놓쳐 버렸는데 이때 만난 한 학생이 제 정신을 번쩍 들게 해 주었습니다.

5학년이었고 작가가 꿈이었던 그 학생은 항상 독특한 아이디어가 넘쳐흘러 친구들 사이에서도 '4차원'이라는 별명으로 불릴 정도였습니다. 역시나 글에서도 개성이 드러납니다. 다른 학생들이 5~6줄 정도로 과제를 해 올 때 그 학생은 항상 공책 2~3페이지를 빼곡하게 판타지 소설로 채워 왔습니다. 흔히 말하는 '의식의 흐름'에 따라 글을 써 내려가다 보니 내용이나 전개 방식이 남달라 당황스러웠지만, 찬찬히 읽어 보면 상상력이 기발했고 무엇보다도 글을 읽는 내내 학생의 목소리가 들릴 정도로 다듬어지지 않은 날것 그대로의 에너지가 느껴졌습니다.

처음에는 생각그물을 그리지도 않고 글의 형식이 하나도 맞지 않아 좋게 타일러 보기도 하고 여러 차례 개별적으로 지도했습니다. 하지만 그 학생은 여전히 자신이 쓰고 싶은 글을 앞 몇 페이지에 잔뜩 쓰고는, 가장 마지막 페이지에 과제 검사용 글을 4~5줄 정도 건성으로 써서 냈습니다. 결국 이 학생에게는 더 이상 글쓰기 규칙이나 과제에 대

174

해 이야기하지 않았습니다. 그저 쓰고 싶은 것을 마음대로 쓰도록 놔 두었습니다. 생각해 보면 학급에서 그 누구보다도 가장 열정적으로 자신의 생각과 감정을 글로 표현하는 학생이었습니다. 학생들에게 글쓰기를 지도하는 목적은 글로 스스로를 표현할 수 있도록 하기 위함인데 그 학생은 이미 너무나 훌륭하게 해내고 있었습니다. 그래서 형식과 씨름하다가 정작 글을 쓰는 재미를 놓쳐 버리게 만들고 싶지는 않았습니다. 대신 이 학생에게는 '왜?'라는 질문으로 생각과 글을 확장시킬 수 있게 돕고, 잘 이해가 되지 않는 모호한 서술을 조금 더 가독성 있게 구체화하고 정교화할 수 있는 방향으로 지도를 해 나갔습니다.

워낙 아이디어가 좋은 학생이어서 조금만 다듬어 주면 또래보다 월등히 뛰어난 글을 쓰게 될 것 같아 욕심도 났지만 글을 쓰는 시간만큼은 순수하게 글을 쓰는 즐거움을 느꼈으면 싶었습니다. 그 이후로도 자신만의 진한 색깔을 가진 학생들을 몇 명 더 만났는데 신나게 글을 쓰는 모습을 보고는 되도록 그 학생들의 글에 개입하지 않았습니다. 학생이 즐겁게 쓰고 싶은 글을 쓰는 것만으로도 글쓰기의 목표는 달성된 것이니까요.

Q6. 심심한 글을 다듬어 주려면 어떤 부분을 코칭해 주어야 할까요?

A. 글에 그 학생만의 개성을 입혀 주세요.

잘 쓴 것 같으면서도 심심하다고 느껴진다면 그 글은 글쓴이의 목소리가 잘 들리지 않는 글인 경우가 많습니다. 그래서 밋밋한 글에는 글쓴이의 색깔을 덧입히는 작업이 필요합니다.

이러한 유형의 글은 주로 두 가지 방향의 질문으로 다듬습니다.

첫 번째는 구체적인 서술을 돕는 질문입니다. 예를 들어 "주말에 공원에 갔다." 라는 문장이 있다면 "공원에는 토요일에 갔어? 일요일에 갔어?", "시간은 몇 시쯤이었니?", "어떤 공원에 다녀왔어?", "누구와 다녀왔어?"와 같은 질문으로 내용을 좀 더 상세하게 서술할 수 있도록 지도합니다.

두 번째는 확산적 질문입니다. "왜 그렇게 생각했니?", "왜 그 결정을 내렸니?" 등 스스로 판단하고, 추론하고, 유추하는 등 사고 과정을 서술하는 질문들을 통하여 학생의 생각을 이끌어 냅니다. 예를 들어 축구를 좋아하는 학생이 우리나라 축구 국가 대표 팀에서 A선수가 가장 뛰어난 실력을 가지고 있다고 썼다고 가정해 보겠습니다. 그렇다면 이 글은 어떤 이유 때문에 A선수가 최고라고 판단했는지 근거로 이어져야 합니다. 아마 학생은 그동안 축구에 관심이 많았기 때문에 A선수의 경기를 보기도 하고, 다른 선수들과 비교해 보기도 하고, 작년 성적을 찾아보기도 했을 겁니다. 이렇게 A선수가 최고라는 결론을 내리기까지의 과정이 글 속에 담기도록 돕습니다. A선수가 가장 우수한 선수라는 문장은 누구나 쓸 수 있지만 A선수가 최고인 이유는 글을 쓴 학생 자신만 쓸 수 있기 때문입니다. 학생의 생각이 담기면 비로소 그 학생의 색깔이 입혀진 글이 됩니다.

A. 글 속에 담긴 학생들의 감정을 찾아 읽어 주시면 학생들은 글쓰기를 훨씬 즐거워합니다.

초등학교 시절 일기 쓰기가 매주 숙제였는데, 일기를 제출하면 선생님께서는 도장과 함께 꼭 짤막하게 피드백을 해 주셨습니다. 열심히 써낸 일기에 선생님께서 뭐라고 써 주셨을지 잔뜩 기대하며 일기장을 펼쳐 보던 기억이 아직까지도 남아 있습니다. 선생님과의 대화가 어색하고 쑥스러웠던 저에게는 일기 밑에 달아 주시는 짤막한 한두 마디가 꽤 소중한 소통이었습니다. 선생님이 써 주신 말들이 지금까지도 좋은 기억으로 남아 있다 보니, 저도 학생들의 글에 되도록 도장 대신 간단하게나마 코멘트를 써 주려고 합니다. 솔직히 무슨 말을 어떻게 써 주어야 할지 고민스러울 때도 많긴 합니다.

한때는 편집자처럼 교정, 교열에 열을 올리며 학생들의 공책을 빨간펜으로 새빨갛게 물들였던 적도 있었습니다. 하지만 지금은 형식에 대한 피드백보다는 내용에 초점을 맞추는 편입니다. 여유가 있을 때에는 학생들의 글을 기억했다가 대화의 물꼬를 트기도 하고 쉬는 시간에 한마디 건네며 학생들의 마음에 공감을 하고 있음을 드러내려고 노력합니다. 그러다 보면 글쓰기 공책 귀퉁이에 짤막한 편지를 써 보내는 학생들도 있고 고민거리를 털어놓는 경우도 있습니다. 자연스럽게 공책이 소통 창구가 되면서 저와의 대화를 어려워하는 수줍음 많은 학생들과도 한발 더 가까워지는 기분입니다.

글이 소통의 매개체가 되는 순간 글의 진정한 기능이 실현되는 것이라고 생각합니다. 저는 학생들의 열성 독자가 되어 행간에 숨겨진 학생들의 마음을 발견하고 그것을 끄집어내려고 합니다. 그래서 되도록 영혼 없는 코멘트는 하지 않으려고 노력합니다. 어린 시절의 저처럼 저희 반 학생들 또한 제가 글 아래에 적어 주는 짧은 한두 마디를 정말 좋아하거든요.

공책을 받자마자 혼자 살짝 공책을 열어 보며 씩 웃는 학생들이 눈에 밟혀 퇴근 시간까지 검사 못한 공책을 집까지 바리바리 싸 들고 와서 써 줄 때도 꽤 있습니다. 엄청 지치는 일이기도 하고 소모적으로 보일 수도 있습니다. 그 시간에 차라리 수업 준비를 하면 더 효율적이지 않을까 생각한 적도 여러 번입니다. 하지만 선생님과의 일기장 대화가 아직까지도 저에게 좋은 기억으로 남아 있어서 되도록이면 저희 반 학생들에게도 꼭 한마디씩은 써 주려고 합니다.

교사의 코멘트는 자신의 글에 대한 독자의 반응이라고 볼 수 있습니다. 자신의 글을 읽은 후 공감하고 격려해 주며 재미있다고 말해 주는 댓글을 본다는 것은 다시 말하면 독자의 반응을 직접적으로 느낄 수 있는 경험인 셈입니다. 나의 글을 좋아해 주는 독자를 만나면 더욱 신바람 나서 글을 써 내려가게 되는 것처럼 교사의 피드백은 학생이 좀 더 신나게 글을 쓰도록 만드는 원동력이 됩니다.

Q8. 어떤 부분을 어떻게 칭찬해야 할까요?

A. 아주 사소한 부분이더라도 잘한 점을 명확하고 구체적으로 칭찬해 주세요.

스스로 수영을 능숙하게 한다고 생각하는 학생들, 사칙연산을 빠르고 정확하게 한다고 생각하는 학생들, 리코더를 잘 연주한다고 생각하는 학생들에 비해 스스로 글을 잘 쓴다고 생각하는 학생들은 별로 없습니다. 구구단을 다 외워서 칭찬을 받고, 영어 단어나 문장을 완벽하게 암기해서 칭찬을 받은 경험은 있어도 글을 잘 썼다고 칭찬을 받은 학생들은 많지 않습니다. 글쓰기에 대해서만큼은 스스로에 대한 평가가 엄격하고 칭찬이 박한 경향이 있습니다. 아무래도 '달리기를 잘한다', '단소를 잘 분다'에 비해 '글을 잘 쓴다'의 개념과 기준을 정립하기가 쉽지 않다 보니 그런 것 같습니다.

글을 잘 쓰는 학생들조차도 글을 쓸 때면 잘 쓰고 있는지 불안해 하며 확인받고자 하는 마음이 큽니다. 그래서 학생들의 글을 읽으며 되도록 아주 사소한 무언가라도 칭찬할 거리를 찾아 칭찬합니다. 칭찬을 할 때에는 어떤 부분이 좋은지를 구체적으로 이유를 들어 설명합니다. 단순히 '재미있게 잘 썼어요.' 가 아니라 '코코아를 눈 오는 날 야외 노천탕이라고 빗댄 표현이 신선해요.', '지난주 글쓰기에서는 한 칸 들여쓰기가 잘 보이지 않았는데 이번 글에서는 뚜렷하게 잘 보여요.' 등 향상된 부분이나 인상적인 점을 구체적으로 언급합니다.

글쓰기로 칭찬을 자주 받아 본 적이 없는 학생들일수록 칭찬받은 부분만큼은 앞으로 글 쓸 때에도 신경 써서 쓰게 될 확률이 높습니다. '제목이 독특하고 참신해요'라는 칭찬을 받은 학생은 다음 글쓰기부터 절대 평범한 제목을 쓰지 않습니다. 칭찬은 생각보다 학생들에게 큰 동기부여가 됩니다.

Q9. 수정해야 할 부분이 많은 학생은 어떻게 지도해야 할까요?

A. 고쳐야 할 부분이 많다면 우선순위를 정해 한 번에 한 가지씩만 교정해 나가세요.

학생들 실력이 빨리 향상되었으면 좋겠다는 마음에 공책 한 페이지 가득 고쳐야 할 점을 샅샅이 찾아 표시했던 적이 있었습니다. 수정할 부분을 더 많이 찾아 알려 줄수록 부족한 부분을 빨리 개선할 수 있을 거고, 그러면 학생들의 글쓰기 실력이 금방 좋아질 거라는 생각 때문이었습니다.

하지만 잔뜩 수정 표시된 글을 받아 보는 학생들은 어떤 생각이 들까요? 교사의 의도와는 달리 다음번에는 더 잘 써 봐야겠다는 생각보다는 '나는 왜 이렇게 글을 못 쓸까?'라고 생각하며 글쓰기에 흥미를 잃어버리기 십상입니다. 너무 많은 교정은 학생을 주눅 들게 할 수도 있습니다. 정작 수정해 주는 내용은 기억도 못하고 말입니다.

그래서 욕심을 내려 두고 글 한 편에서 꼭 개선할 점 한두 가지 정도만 써 주는 편입니다. 예를 들어 같은 어휘를 반복하는 습관이 있는 학생이라면 그 부분이 개선될 때까지는 그 부분에만 코멘트합니다. 그 부분이 다 좋아지면 그다음에 고쳐야 할 부분으로 넘어갑니다.

같은 이유로 맞춤법이나 띄어쓰기도 한꺼번에 많이 교정하지는 않습니다. 두세 번 지속적으로 틀리는 경우만 교정하는 정도입니다. 대신 인터넷 용어나 신조어 등 어법에 맞지 않는 어휘를 사용하는 경우처럼 피드백을 받으면 즉시 개선이 가능한 부분에 대해서는 이야기하는 편입니다.

지난번에 지적한 부분이 개선되었다면 '지난주에 비해 이 부분이 좋아졌다'라고 꼭 칭찬해 줍니다. 칭찬의 힘이 생각보다 강해서 학생들이 한 번 칭찬받은 부분은 웬만하면 잘 안 틀리려고 합니다.

글의 여러 부분을 한꺼번에 고치려고 하면 서로 지치고 시간도 너무 오래 걸립니다. 지난주에 지적한 내용이 달라지지 않아도 괜찮습니다. 어른인 우리도 잘못된 습관을 한 번에 고치기 힘든데 학생들은 오죽할까요.

Q10. 자신의 글을 타인에게 보인다는 것을 부담스러워 하는 경우에는 어떻게 하면 좋을까요?

A. 교사에게 보이지 않아도 되는 방법을 안내하고 글 공유 여부를 미리 공지하여 학생이 편안한 마음으로 진솔하게 글을 쓸 수 있도록 합니다.

독자를 염두하고 쓰는 글, 독자가 없는 글 모두를 학생들이 골고루 경험해 보는 것은 의미가 있습니다. 현행 국어 교과에서도 학년이 올라감에 따라 친숙한 독자를 대상으로 글을 쓰다가 점차 익숙하지 않은 독자에게 글을 쓰도록 구성되어 있습니다.

다른 이에게 자신의 글을 보여 주는 것에 대해서는 학생들의 성향에 따라 느끼는 부담감이 다릅니다. 외향적인 성향을 가진 학생들은 자신의 글을 타인에게 공유하는 데에 거리낌이 없는 반면, 내향적인 학생들은 자신의 글을 타인에게 보여 주는 것을 부끄러워합니다. 특히, '가족'이나 '나의 고민거리' 같이 개인적인 내용의 주제일 경우 내향적인 학생들은 공개하기 싫어하기도 하고 반대로 외향적인 학생들은 친구들의 이목을 끌고 싶어 과장되게 꾸미는 경우도 있습니다.

매주 교사가 글을 읽는다는 것은 기본적으로 교사라는 독자가 있음을 전제로 하는 활동입니다. 그래서 만약 과제로 글을 썼지만 교사에게도 보이고 싶지 않은 글이라면 글 쓴 페이지를 접어서 글이 보이지 않게 제출하도록 합니다. 접혀 있는 부분이 있으면 접힌 페이지를 열어 보지 않고 한쪽 귀퉁이만 살짝 접어 도장을 찍습니다. 누군가가 자신의 글을 읽는다는 부담감으로 인하여 솔직하지 않은 글을 쓴다면 그 글은 의미를 잃어버리게 될 것입니다.

글의 공개·비공개 여부가 글의 진솔함에 영향을 줄 수 있기 때문에 글감에 따라 이를 조절하기도 합니다. 그래서 글쓰기 과제를 낼 때 "다음 주 글쓰기는 모둠 친구들과 같이 돌려 읽기 할 거예요."와 같이 사전에 학생들에게 글의 공개 여부를 공지합니다. 글쓰기 전 공개 여부를 미리 알고 있으면 학생들이 조금 더 편안한 마음으로 글을 씁니다.

Q11. 자신만의 세계가 공고한 학생들은 어떻게 지도해야 하나요?

A. 다른 친구의 글을 읽어 보는 것만으로도 향상됩니다.

가끔씩은 교실 게시판에 학생들의 글을 붙여 둡니다. 같은 주제에 대해 다른 친구들은 어떻게 생각하는지, 내 글과 어떻게 다른지 직접 읽어 보도록 하기 위해서입니다.

글을 다른 사람에게 보이는 것을 부끄러워하는 학생들이 있기 때문에 글쓰기 전 '이 주제는 친구들과 함께 읽어 볼 글이다'라고 미리 안내한 다음 공개하기도 하고, 사전 안내를 하지 않았지만 다른 학생들이 꼭 읽어 봤으면 하는 글이 있다면 글 쓴 학생의 희망 여부를 확인한 후 게시합니다. 또, 학생이 원한다면 누구의 글인지를 밝히기도 하고 희망하지 않을 때에는 익명으로 게시합니다.

초반에는 글씨체 때문에 글 쓴 학생이 쑥스러워 할까 봐 글을 타이핑하여 익명으로 게시했는데 이제는 공개하기 전 이 부분까지 미리 안내해 주고 괜찮다고 하면 그대로 복사해서 게시합니다. 공책을 그대로 복사하여 게시하면 글을 쓴 학생이 어떻게 생각그물을 그리고, 문단을 어떻게 나누었는지 직접 확인하기 좋기 때문에 효과가 좋습니다. 또, 글만 복사해서 게시하지 않고 좋은 부분을 표시하고 이유까지 해설을 달아 게시합니다.

학생들이 직접 쓴 글의 힘이 훨씬 좋습니다. 학생들은 예시 글을 보고 또래 친구들이 쓴 글인지 교사가 임의로 만들어 낸 예시 글인지 귀신처럼 알아챕니다. 이것이 바로 마음이 담긴 솔직한 글의 힘인가 봅니다. 여러 번 말로 설명해도 이해하지 못하는 것도 친구의 예시 글을 보여 주면 단박에 이해하기도 합니다. 또 같은 실수를 반복적으로 하는 학생들에게 친구의 글을 보고 차이점을 이야기해 주면 금방 고칩니다.

때로는 게시만으로 그치지 않고 한 친구 글을 복사해서 첨삭하고, 잘 쓴 부분을 찾아보는 시간을 가지기도 합니다. 글을 많이 써 보는 것만큼, 좋은 글을 많이 읽어 보는 것도 글쓰기 향상에 도움이 되기 때문입니다. 친구의 잘 쓴 점을 자신의 글에 반영하여 나아지는 경우도 있고 친구들에게 글을 선보이고 싶어 열심히 쓰는 학생들도 있어 동기 부여에 효과적입니다.

이때 주의해야 할 것은 좋은 글은 한 가지 형태만 있는 것이 아니고 다양하다는 점을 꼭 알려 주셔야 한다는 점입니다. 그렇지 않으면 게시된 글을 모범 답안 삼아 패턴을 그대로 모방하여 써 버리기 때문에, 다른 학생이 글을 쓰는 방식으로 글 쓰는 패턴이 굳어져 버리는 경우가 있습니다. 글쓰기에는 정답이 정해져 있지 않고, 이 친구의 글은 이런 부분이 좋고, 저 친구의 글은 저런 부분이 좋다고 구체적으로 알려 주셔야 학생들이 무작정 모방하지 않습니다.

학생들의 글을 사진으로 남겨 두는 것도 좋습니다. 추후 글쓰기 활동을 진행하실 때 "선배들은 이렇게 썼어."라고 보여 주며 요긴하게 활용하실 수 있습니다. 또, 한 학생의 글을 쭉 찍어 놓으시면 드라마틱한 향상 정도를 가시적으로 확인할 수도 있습니다.

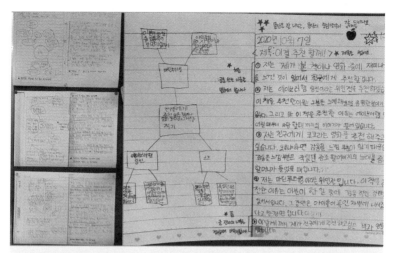

학생이 쓴 글을 복사하고 잘 쓴 부분을 표시해 두어 교실 게시판에 게시했습니다.

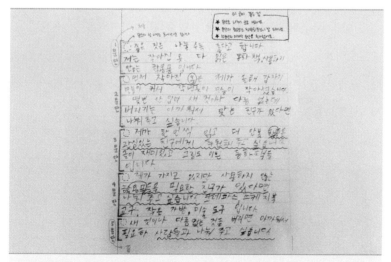

학생이 쓴 글을 스캔하여 활동지로 제작했습니다. 학급 전체 학생들이 동일한 글을 읽어 보며 잘 썼다고 생각한 부분에 표시하고 글을 읽으며 든 생각이나 느낌, 글 쓴 학생에게 하고 싶은 말 등을 기록합니다.

A. 천리 길도 한 걸음부터. 두 줄부터 시도해 보세요.

'글쓰기 귀찮아요.', '힘들어요.'를 입에 달고 글쓰기에 손도 대지 않으려는 학생들과 한바탕 씨름하다 보면 내가 도대체 무엇을 위해 이러고 있나 싶어 진이 쏙 빠집니다. 월요일 아침마다 글쓰기 공책 검사한다는 것을 알면서도 한결같이 숙제를 해 오지 않는 학생들의 속을 도무지 모르겠습니다. 쉬는 시간에 불러 앉혀 내내 쓰게 해 보기도 하고, 그다음 주 숙제에서 한 편 더 쓰는 대가를 치르게도 해 보지만 그때뿐입니다.

왜 유독 글쓰기 과제만 힘들고 귀찮아하는지 궁금하기도 하고 답답하기도 한 나머지, 숙제를 해 오지 않아 어김없이 방과 후에 남아 글을 쓰고 있는 학생과 대화를 시도해 보았습니다. 이야기를 들어 보니 숙제도 안 하려고 안 한 것이 아니라 정말 방법을 몰라 못하겠다고 합니다. 공책만 펼치면 머리가 지끈거리고 어떻게 써야 할지 몰라 막막해서 미루다가 결국 못 쓰고 온답니다.

글에 익숙하지 않은 학생들에게는 글쓰기의 모든 과정들이 너무나 낯설고 생소하게 느껴질 겁니다. 아마 이런 학생들의 한 문장은 술술 쓰는 학생들의 한 장과 맞먹는 부담감일 겁니다. 머릿속을 둥둥 떠다니는 생각들을 보기 좋게 글로 꺼내 본 경험이 별로 없기 때문입니다. 거부 반응이 심한 학생들에게는 과감하게 과제를 줄여 줍니다. 과제는 딱 두 줄 써 오기. 생각그물도 문단도 고려하지 않고 쓰고 싶은 생각을 서너 문장 정도만 쓰도록 합니다. 형식적인 규칙마저도 이런 학생들에게는 글 쓸 마음을 식어 버리게 만드는 거추장스러운 방해물입니다.

학생이 두 줄을 써 오면 그다음으로 생각해 볼 만한 질문을 아래에 써 줍니다. 그다음 주 과제에는 두 번째 질문의 답을 기존 글에 이어 쓰기입니다. 이 과정을 두어 번 거치면 학생은 3주 정도의 시간에 걸쳐 7~8줄 정도의 글 한 편을 완성해 냅니다. 예를 들어 첫 주에 '가장 기억에 남는 여행과 그 이유'라고 질문을 주었다면, 그다음 주에는 '그 여행에서 제일 즐거웠던 순간은?'으로 이어서 질문하는 식입니다. 사실 이렇게 쓰는 몇 문장 정도는 글이 아니라 문장 나열에 가깝습니다. 하지만 일단 몇 줄 정도의 글을 완성해 냈다는 성취감을 맛보며 차츰 글쓰기에 익숙해지도록 합니다.

서론, 결론, 문단, 중심문장…… 글의 형식을 갖추지 않아도 상관없이 아무 말이라도 몇 문장을 쓰게 하는 이유는 일단 자기 생각을 문장으로 써 보는 것에 익숙해지게 하기 위해서입니다. 이 학생들에게 지금 가장 필요한 것은 자신의 생각으로 글을 쓰는 경험이기 때문입니다.

Q13. 글쓰기에 대해 어떻게 생각하고 있는지 학생들의 생각이 너무 궁금해요.

A. 학생들의 피드백은 가야 할 길을 제시해 주기도 합니다.

글쓰기 활동을 하다 보면, 학생들의 글쓰기가 더 이상 늘지 않는 것 같다고 느껴질 때나 교사로서 앞으로 무엇을 어떻게 더 지도해야 할지 벽에 가로막히는 듯한 느낌이 드는 순간이 있습니다.

이럴 때면 글쓰기 활동에 대해 학생들이 어떻게 생각하고 있는지를 들어 보기 위해 간단한 설문조사를 실시합니다. 학생들에게 과제 분량은 적절한지, 글을 쓰는 시간이 얼마나 걸리는지, 제시하는 글감들의 난이도는 적합한지 등을 확인하기 위함입니다. 학생들의 고충을 알면 앞으로의 지도 방향을 어떻게 잡아야 할지 감이 오기도 합니다.

또, 학년말이 되면 자기 평가표를 작성하며 스스로 1년 동안 어떻게 글쓰기를 했는지 돌아보는 시간을 가지기도 합니다. 학생들의 피드백을 참고하여 글 쓸 분량이나 활동지 수준을 조정하며 다음 해의 글쓰기 활동을 준비합니다.

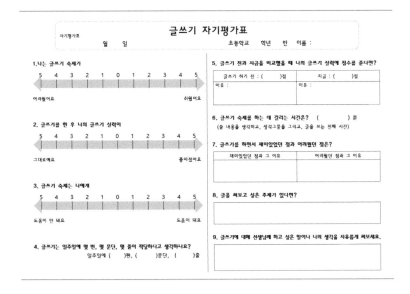

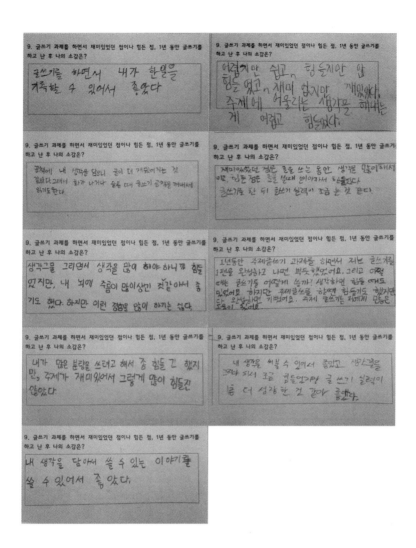

학생들의 피드백에서 활동 아이디어를 얻기도 합니다. 학생들이 제안하는 〈글로 써 보고 싶은 주제〉들은 정말 재미있습니다. '이 세상에 거짓말이 사라진다면?', '나에게 만약 유튜브나 TV프로그램 출연 기회가 생긴다면?'과 같은 주제들은 안 써 보고 넘어가면 아쉬울 정도입니다. 좋은 주제들은 따로 정리해 두었다가 다음 해의 글쓰기 활동에 활용합니다.

학생들의 피드백을 바탕으로 만든 활동지들도 있습니다. 2장에서 소개한 〈제목 붙이기〉 활동지는 제목 쓰기가 제일 어렵다는 학생의 피드백에서 착안한 것입니다. 피드백을 받아 보지 않았더라면 제목 쓰는 방법을 어려워하는 학생이 있을거라고 생각하지 못했을 것입니다.

무엇보다도 가장 보람을 느끼는 순간은 글을 쓰면서 글쓰기가 재미있어졌고, 실력도 많이 늘었다는 피드백을 볼 때입니다. 글쓰기가 마냥 쉽고 재미있는 과정이 아님에도 1년 동안 포기하지 않고 성실하게 따라와 준 학생들이 기특하고 감사한 마음입니다.

부록2
학년군별 글쓰기 중점 지도 내용

글쓰기 활동은 전 학년을 대상으로 실시하지만 학년에 따라 학생들의 발달 수준이나 교육과정이 다르기 때문에 중점적으로 지도해야 할 부분이 상이합니다. 학년군별 학생들의 인지발달 수준 및 교육과정에서 강조하고 있는 내용을 살펴보며 어디에 초점을 맞추어 지도하면 효과적일지 살펴보도록 하겠습니다.

1~2학년군

1~2학년 시기는 언어 발달이 활발하게 이루어지는 시기이며 학생 간 개인차가 큽니다. 3월 초 1학년 교실을 보면 겨우 한글을 뗀 학생들이 있는가 하면 짧은 글 한 편을 금방 완성하는 학생들도 있습니다. 1~2학년 학생들은 자신의 느낌이나 생각을 알맞은 어휘와 문장으로

정확하게 표현해 보는 연습이 필요합니다. 짜임새 있는 한 편의 글을 쓰기보다는 흥미를 가지고 생각과 느낌을 정확한 문장으로 표현해 보는 정도만으로도 충분합니다.

<교육과정 중점 지도 내용>
-바르게 글자 쓰기
-완성된 문장 쓰기
-자신의 생각을 자유롭게 한두 문장으로 표현하기
-일상 소재를 활용하여 서너 문장 정도의 글쓰기
-쓰기에 흥미 가지기

<지도 시 유의 사항>
-형식적인 면을 지나치게 강조하지 않도록 한다.

3~4학년군

피아제의 인지발달 단계에 따르면 3~4학년 학생들은 논리적 사고나 가역적인 사고가 가능하고, 언어의 복잡화가 완성되는 구체적 조작기에 해당합니다. 이 시기에 도달하면 글쓰기를 본격적으로 시작할 수 있습니다. 1~2학년 때는 문장으로 나타내거나 짧은 글을 쓰는 데에 그쳤다면 3~4학년에서는 중심문장과 뒷받침문장으로 이루어진 문단을 익힌 후 짜임새 있는 글을 쓸 수 있게 됩니다. 이 시기에는 친숙한 일상 소재들을 글감으로 하여 나의 감정과 생각을 드러내는 쓰기 활동을 주로 다룹니다.

- 기본적인 쓰기 방법 익히기
- 친숙한 소재를 활용하여 글쓰기
- 자신의 의견을 밝히는 글을 쓰는 과정에서 생각을 구체화, 명료화, 정교화하여 제시하는 능력 기르기
- 읽는 이의 흥미나 관심, 입장, 반응 등을 고려하여 글쓰기
- 실제 학습자의 삶과 직결되는 글쓰기
- 의견을 쓸 때에는 사실과 의견을 구분하여 쓰기
- 독자는 친숙한 대상에서부터 점차 잘 알지 못하거나 친숙하지 않은 이를 읽는 이로 삼아 글을 씀.
- 글을 쓰고 난 후 자신의 글을 다른 학습자와 나누어 보는 활동을 통해 자신감을 가지고 자신의 글을 점검하는 기회 가지기

<지도 시 유의 사항>
- 중심문장과 뒷받침문장을 갖추어 문단 쓰고 문단 자체의 완성도를 높이도록 지도함.
- 의견이 드러나는 글쓰기에서는 엄격한 형식을 갖추거나 지나친 타당성을 근거로 들게 하기보다는 자유롭게 주장을 펼칠 수 있도록 함.

5~6학년군

5~6학년 학생들은 보다 넓고 깊게 사고할 수 있고 형식을 갖춘 글을 쓸 수 있는 시기입니다. 추상적 개념을 이해하고 가설을 세워 문제를 해결하며 추리력과 응용력이 발달하는 형식적 조작기에 이르게 됩니다. 다룰 수 있는 글감은 개인의 일상에서 사회현상까지로 다양해지고 글의 형식도 갖추어집니다. 글쓰기의 과정에 따라 글을 쓰는 것에 익숙해지며 다차원으로 사고할 수 있는 통찰이 길러지면서 글의 수준이 깊어집니다.

<교육과정 중점 지도 내용>

- 목적과 내용에 맞게 다양한 종류의 글을 쓰는 능력을 갖춤.
- 글의 내용과 형식에 관심을 가짐.
- 쓰기의 의미를 이해함.(절차에 따라 의미를 구성하고 표현하는 과정)
- 적절한 근거와 알맞은 표현을 쓸 수 있음.
- 글을 쓸 때 글의 목적이나 주제를 고려하여 내용을 생성함.
- 국어과의 다른 영역과 통합하여 교수학습 진행 가능함.
- 과정에 따른 글쓰기 실시
  : 계획하기 → 내용 생성하기 → 내용 조직하기 → 초고 쓰기 → 고쳐쓰기

- **내용 생성하기 단계** : 브레인스토밍, 마인드맵 등의 방법을 통해 글을 쓰기 위한 내용을 생성하는 전략이나 기능을 익히도록 함.
- **고쳐쓰기 단계** : 띄어쓰기와 맞춤법을 포함하여 지도하되 창의성이나 유창성을 저해하지 않도록 유의해야 함.

에필로그

학생들과 글을 쓰지 않았더라면 어땠을까?

뒤돌아볼 겨를 없이 달려오던 시간들을 찬찬히 되짚어 쉼표를 하나씩 찍어 보니 어느 순간 보통의 일상이 되어 버린 글쓰기가 새롭게 다가옵니다. 고작 일주일에 한 번이 다였는데 그동안 학생들과 해 왔던 활동들과 써 온 글들을 쭉 살펴보면서 이렇게 많이 생각하고 이야기 나누고 글을 쓰고 읽어 왔구나 싶어 새삼 놀랍습니다.

지금까지도 기간이 무색하게 글쓰기 활동이 벅찰 때가 많습니다. 글을 읽어 보기는커녕 도장조차 찍어 주지 못한 채로 공책을 돌려줄 만큼 바쁜 시기도 있고 숙제 양이 너무 적다며 또는 부모의 손이 너무 많이 가는 숙제라며 불만을 토로하는 전화를 받기도 합니다. 톡톡 튀는 글에 깔깔 웃는 동시에 대충 흘려 쓴 글에 좌절하기도 합니다. 오늘은 신나게 글을 쓰고 있지만 내일 만날 학생들과는 예상하지 못한 어려움에 부딪혀 눈물을 찔끔 흘릴지도 모를 일입니다.

시간과 인내심을 쏟아부어야 하는 글쓰기 활동에 혼자 사서 고생하고 있다고 볼멘소리를 하면서도 그만두지 못하는 이유는 학생들, 또 제 자신 때문입니다. 글을 읽고 쓰다 보면 자연스럽게 마주하는 것들이 있습니다. 글을 쓰면서부터 학생들 곁에는 등교하고 친구와 이야기를 나누고 점심을 먹는 모든 순간에 글이 함께합니다. 이 글로 학생들을 매주 들여다보니 목소리가 들리기 시작하고, 학생들 눈을 맞추게 됩니다. 서툴지만 서서히 다가가며 학생들을 알아 갑니다.

글을 잘 써 보고자 시작했지만 어쩌면 글을 쓴 이후로 가장 크게 바뀐 것은 학생들을 바라보는 제 시선인 것 같기도 합니다. 낯선 학교에서 어쩔 줄 몰라 하던 새내기 교사가 학생들에게 시선을 맞추고 교실에서 해야 할 일이 무엇인지 고민하게 하고 우선순위를 세우기 시작한 것은 글쓰기 활동을 하면서부터입니다. 글을 쓰려고 하니 학생들의 목소리를 들어야 했습니다. 학생들과 글을 쓰지 않았더라면 아마 교실 풍경은 지금과는 전혀 달랐을 것이라 생각하니, 교실에서 글을 만난 것은 행운이면서 참 감사한 일입니다.

목소리를 내는 법을 차츰 터득해 나가는 학생들과 함께 가야 할 길도, 가 보고 싶은 길도 많아 부단히 길을 살피는 중입니다. 아마 이 글을 읽고 계시는 선생님들께서는 비슷한 길을 걷고자 채비하는 중이거나 이미 길 위에 계실 듯합니다. 처음 딛는 길이어도 누군가 걷고 있다는 소식을 들으면 안심되는 법입니다. 이 책이 인적 드문 산길의 등산 리본처럼, 여정 중 발견하면 반가운 이정표가 되었으면 하는 바람입니다.

| 활동지 목록

 이 책을 활용하는 데 필요한 활동지는 푸른칠판 블로그에 실려 있습니다. 자유롭게 내려받아 글쓰기 지도에 활용하실 수 있습니다.
(blog.naver.com/greenboard1/222837327918)

2장 한걸음씩 단계별로 글쓰기 완성하기

생각그물 다듬기

문장 모아 문단 만들기

문단 구분하기

어울리지 않는 문장 찾기

생각그물을 문단으로 나타내기

생각그물을 글로 표현하기

생각그물 그리기

내 마음대로 서론 쓰기

내 마음대로 결론 쓰기

노래 제목 작명소

사진 제목 작명소

나의 등굣길 소개하기

내게 가장 소중한 물건 소개하기

선생님을 설득하라

인터뷰 기사 쓰기

3장 다 된 글에 날개 달기

꼬리에 꼬리를 무는 질문 만들기

신문 기사 읽고 글쓰기

의성어와 의태어

이런 기분이 들 땐 이렇게 반응해

내가 좋아하는 음식 만드는 법 소개하기

나만의 색깔 이름 짓기

우리말 달 이름 만들기

우리 집 창문이 액자라면

우리 교실 관찰기

좋은 글 발굴하기

부록

글쓰기 자기평가표

┃참고문헌

강원국, 대통령의 글쓰기, 메디치미디어.

교육부, 교육과정(제 2015-74호).

교육부, 초등학교 5학년 2학기 국어 교과서.

구본관 외, 어휘 교육론, 사회평론.

권영민, 한국현대문학대사전, 서울대학교출판부.

손석희, 장면들, 창비.

안상순, 우리말 어감사전, 유유.

유시민, 유시민의 글쓰기 특강, 생각의길.

이범응·허숙, 교사와 교직생활, 지식과 감성.

이오덕, 삶을 가꾸는 글쓰기 교육, 보리.

정유정·지승호, 정유정, 이야기를 이야기하다, 은행나무.

정희모 외, 대학글쓰기, 삼인.

홍종선 외, 쉽게 읽는 한국어학의 이해, 한국문화사.

Gary Wolf, Steve Jobs, The Next Insanely Great Thing》, FEB 1, 1996, WIRED.

일주일에 딱 한 번
초등 첫 글쓰기 수업

초판 1쇄 발행 2022년 8월 30일

지은이 이소민

발행인 송진아
편 집 아이펑크
디자인 권빛나
제 작 제이오
펴낸곳 푸른칠판
등 록 2018년 10월 10일(제2018-000038호)
팩 스 02-6455-5927
이메일 greenboard1@daum.net

ISBN 979-11-91638-09-7 13370